Rajapraveen K N

Internet das coisas (IoT) Segurança

Rajapraveen K N

Internet das coisas (IoT) Segurança

Segurança IOT

ScienciaScripts

Imprint

Any brand names and product names mentioned in this book are subject to trademark, brand or patent protection and are trademarks or registered trademarks of their respective holders. The use of brand names, product names, common names, trade names, product descriptions etc. even without a particular marking in this work is in no way to be construed to mean that such names may be regarded as unrestricted in respect of trademark and brand protection legislation and could thus be used by anyone.

Cover image: www.ingimage.com

This book is a translation from the original published under ISBN 978-620-4-75259-4.

Publisher:
Sciencia Scripts
is a trademark of
Dodo Books Indian Ocean Ltd. and OmniScriptum S.R.L publishing group

120 High Road, East Finchley, London, N2 9ED, United Kingdom
Str. Armeneasca 28/1, office 1, Chisinau MD-2012, Republic of Moldova, Europe
Printed at: see last page
ISBN: 978-620-5-78747-2

Conteúdos

UNIDADE 1

Desafios de segurança dentro dos sistemas IoT

1.1 Camadas de rede de arquitectura e desafios de segurança da Internet de alta velocidade

1.2 Dispositivos com segurança física limitada ou inexistente e capacidades limitadas de computação de segurança,

1.3 Gestão remota da segurança

1.4 Identificação e gestão de riscos de dispositivos de ponto final de escala, incluindo sensores,

1.5 Resiliência criptográfica

1.6 Gestão de segurança de sistemas distribuídos

1.7 Preocupações de privacidade, ameaças e ataques à IOT

1.8 Hacking de firmware IoT

1.9 Consumerização da segurança da IOT   ,   estudos de casos

Fundamentos

MODELO ISO OSI:

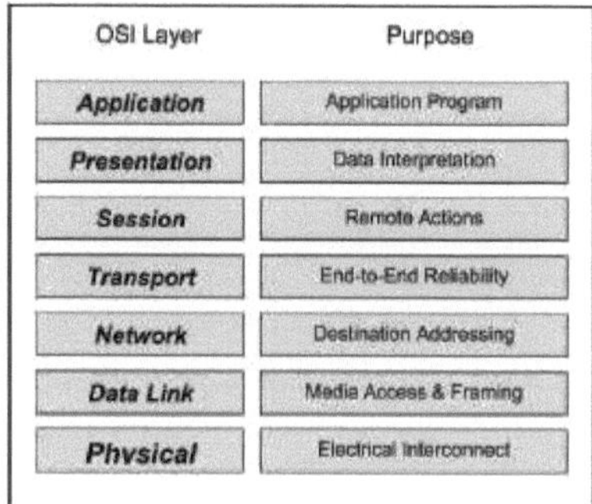

* O que é ISO no modelo OSI?

ISO significa **organização internacional de Normalização**. Este é chamado modelo de Interconexão de Sistema Aberto (OSI) e é comummente conhecido como modelo OSI. O modelo ISO-OSI é uma arquitectura de sete camadas. Define sete camadas ou níveis num sistema de comunicação completo.

* **A camada física é a camada mais baixa do modelo OSI.** Esta camada controla o modo não estruturado,

Os dados em bruto, bit -stream são enviados e recebidos através de um meio físico. Esta camada é composta pelos componentes eléctricos, ópticos, e físicos da rede.

* **A camada de ligação de dados** fornece os meios funcionais e processuais para transferir dados entre entidades da rede e para detectar e possivelmente corrigir erros que possam ocorrer na camada física. ... Tanto a WAN como o serviço LAN organizam bits da camada física em sequências lógicas chamadas frames.

* **A camada de rede** utiliza endereços de rede (normalmente endereços de Protocolo Internet) para encaminhar pacotes para um nó de destino. A camada de ligação de dados estabelece e termina uma ligação entre dois nós fisicamente ligados numa rede. Divide-se os pacotes em frames e envia-os da fonte para o destino.

* **A Camada de Transporte** permite a transferência transparente de dados entre utilizadores finais, fornecendo serviços de transferência de dados fiáveis para as camadas superiores. A camada de transporte controla a fiabilidade de uma dada ligação através do controlo do fluxo, segmentação e

desegmentação, e controlo de erros.

* **A camada Session Layer** é a camada do modelo ISO Open Systems Interconnection (OSI) que controla os diálogos (ligações) entre computadores. Estabelece, gere, e termina as ligações entre a aplicação local e remota.

* **A camada de apresentação** transforma os dados no formulário que o pedido aceita. Esta camada formata e encripta os dados a serem enviados através de uma rede.

* **camada de aplicação** é uma camada de abstracção que especifica os protocolos de comunicações partilhados e os métodos de interface utilizados pelos anfitriões numa rede de comunicações. Uma camada de abstracção de aplicação é especificada tanto no conjunto de protocolos de Internet (TCP/IP) como no modelo OSI.

1.1 Camadas de rede de desafios de Arquitectura e Segurança da ICI
Camadas de rede de arquitectura e desafios de segurança da Internet de alta velocidade

* O que é a camada de rede na arquitectura IoT?
o A camada de rede é também conhecida como **camada de transmissão.**
o Actua como uma ponte entre a camada de percepção e a camada de aplicação.
o Transporta e transmite a informação recolhida dos objectos físicos através de sensores.
o O meio para a transmissão pode ser sem fios ou com fios.
* **Quais são as questões de segurança na IdC?**
o Vulnerabilidades. As vulnerabilidades são um grande problema que aflige constantemente os utilizadores e as organizações.
o Malware
■ Malware (abreviatura de "software malicioso") é um ficheiro ou código, normalmente entregue através de uma rede, que infecta, explora, rouba ou conduz virtualmente qualquer comportamento que um atacante deseje. E porque o malware vem em tantas variantes, há inúmeros métodos para infectar sistemas informáticos.
o Ciberataques escalonados
o Roubo de informação e exposição desconhecida
o Má gestão e má configuração do dispositivo.

Arquitectura de IoT:
Não existe um consenso único sobre a arquitectura para a IdC, que é acordado universalmente. Diferentes arquitecturas têm sido propostas por diferentes investigadores.

Arquitecturas de três e cinco camadas
A arquitectura mais básica é uma arquitectura de três camadas [3-5], como mostra a Figura 1. Foi introduzida nas fases iniciais da investigação nesta área. Tem três camadas, nomeadamente, as camadas percepção, rede, e aplicação.

(i) A *camada de percepção* é a camada física, que possui sensores para a detecção e recolha de informação sobre o ambiente. Detecta alguns parâmetros físicos ou identifica outros objectos inteligentes no ambiente.

(ii) A *camada de rede* é responsável pela ligação a outras coisas inteligentes, dispositivos de rede, e servidores. As suas características são também utilizadas para transmitir e processar dados de sensores.

(iii) A *camada de aplicação* é responsável pela prestação de serviços específicos da aplicação para o utilizador. Define várias aplicações nas quais a Internet das coisas pode ser implantada, por exemplo, casas inteligentes, cidades inteligentes, e saúde inteligente.

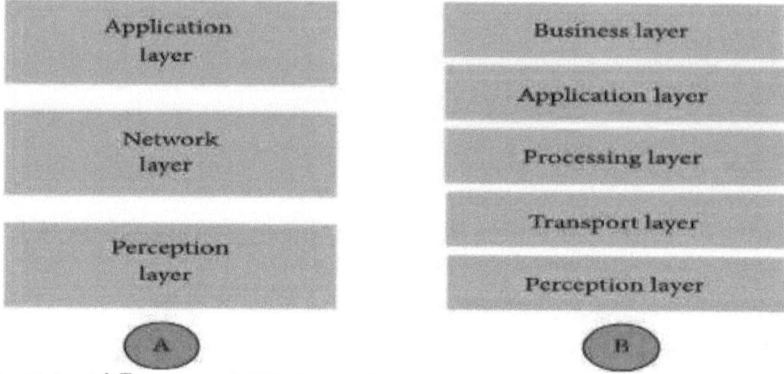

Figura 1 Arquitectura de IoT (A: três camadas) (13: cinco camadas).

A arquitectura de três camadas define a ideia principal da Internet das Coisas, mas não é suficiente para a investigação sobre a Internet das Coisas porque a investigação muitas vezes se concentra em aspectos mais finos da Internet das Coisas. É por isso que temos muitas mais arquitecturas estratificadas propostas na literatura. Uma delas é a arquitectura em cinco camadas, que inclui adicionalmente as camadas de processamento e negócios [3-6]. As cinco camadas são a percepção, transporte, processamento, aplicação, e camadas empresariais (ver Figura 1). O papel das camadas de percepção e aplicação é o mesmo que o da arquitectura com três camadas. Esboçamos a função dos três níveis restantes.

(i) A *camada de transporte* transfere os dados do sensor da camada de percepção para a camada de processamento e vice-versa através de redes tais como sem fios, 3G, LAN, Bluetooth, RFID, e NFC.

(ii)A *camada de processamento* é também conhecida como camada de middleware. Armazena, analisa, e processa enormes quantidades de dados que provêm da camada de transporte. Pode gerir e fornecer um conjunto diversificado de serviços para as camadas inferiores. Emprega muitas tecnologias tais como bases de dados, computação em nuvem, e grandes módulos de processamento de dados.

(iii)A *camada empresarial* gere todo o sistema IoT, incluindo aplicações, modelos empresariais e de lucro, e a privacidade dos utilizadores. A camada de negócios está fora do âmbito deste documento. Por conseguinte, não o discutimos mais.

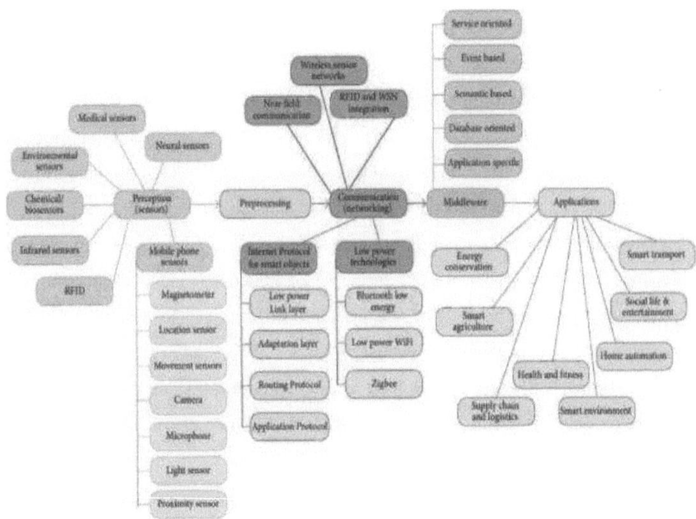

FIGURE 3: Taxonomy of research in IoT technologies.

Desafios de segurança no IOT:
Os problemas de segurança mais importantes com dispositivos IoT

1. Controlo de acesso incorrecto

2. Superfície de ataque demasiado grande

3. Software desactualizado

4. Falta de encriptação

5. Vulnerabilidades de aplicação

6. Falta de um ambiente de execução de confiança

7. Postura de segurança do fornecedor

8. Protecção insuficiente da privacidade.

1. Controlo de acesso incorrecto

Os serviços oferecidos por um dispositivo IoT só devem ser acessíveis pelo proprietário e pelas pessoas no seu ambiente imediato em quem confiam. Contudo, isto é muitas vezes insuficientemente aplicado pelo sistema de segurança de um dispositivo.

Os dispositivos IoT podem confiar na rede local a um nível tal que não seja necessária mais autenticação ou autorização. Qualquer outro dispositivo que esteja ligado à mesma rede também é de confiança. Isto é especialmente um problema quando o dispositivo está ligado à Internet: todos no mundo podem agora potencialmente aceder à funcionalidade oferecida pelo dispositivo.

Um problema comum é que todos os dispositivos do mesmo modelo são entregues com a mesma senha padrão (por exemplo, "admin" ou "password123"). O firmware e as configurações por defeito são normalmente idênticos para todos os dispositivos do mesmo modelo. Como as credenciais do dispositivo - assumindo que, como muitas vezes acontece, não são alteradas pelo utilizador - são do conhecimento público, podem ser utilizadas para obter acesso a todos os dispositivos dessa série.

Os dispositivos IoT têm frequentemente uma única conta ou nível de privilégio, tanto expostos ao utilizador como internamente. Isto significa que, quando este privilégio é obtido, não há mais controlo de acesso. Este nível único de protecção não protege contra várias vulnerabilidades.

2. Superfície de ataque demasiado grande

Cada ligação que pode ser feita a um sistema proporciona um novo conjunto de oportunidades para um atacante descobrir e explorar vulnerabilidades. Quanto mais serviços um dispositivo oferece através da Internet, mais serviços podem ser atacados. Isto é conhecido como a superfície de ataque. A redução da superfície de ataque é um dos primeiros passos no processo de segurança de um sistema.

Um dispositivo pode ter portos abertos com serviços em funcionamento que não são estritamente necessários para o seu funcionamento. Um ataque contra um serviço tão desnecessário poderia ser facilmente evitado se não se expusesse o serviço.

Serviços como o Telnet, SSH ou uma interface de depuração podem desempenhar um papel importante durante o desenvolvimento, mas raramente são necessários na produção.

3. Software desactualizado

À medida que as vulnerabilidades no software são descobertas e resolvidas, é importante distribuir a versão actualizada para proteger contra a vulnerabilidade. Isto significa que os dispositivos IoT devem ser enviados com software actualizado sem quaisquer vulnerabilidades conhecidas, e que devem ter a funcionalidade de actualização para corrigir quaisquer vulnerabilidades que se tornem conhecidas após a implementação do dispositivo.

Por exemplo, o malware Linux.Darlloz foi descoberto pela primeira vez no final de 2013 e funcionou explorando um bug reportado e corrigido mais de um ano antes.

4. Falta de encriptação

Quando um dispositivo comunica em texto simples, todas as informações trocadas com um dispositivo cliente ou serviço back end podem ser obtidas por um "Man-in-the-Middle" (MitM). Qualquer pessoa que seja capaz de obter uma posição no caminho da rede entre um dispositivo e o seu ponto final pode inspeccionar o tráfego da rede e potencialmente obter dados sensíveis, tais como credenciais de login. Um problema típico nesta categoria é a utilização de uma versão de texto simples de um protocolo (por exemplo, HTTP) onde está disponível uma versão encriptada (HTTPS). Um ataque Man- in-the-Middle em que o atacante acede secretamente, e depois retransmite as comunicações, alterando possivelmente esta comunicação, sem que nenhuma das partes esteja ciente.

Mesmo quando os dados são encriptados, podem existir pontos fracos se a encriptação não estiver completa ou configurada incorrectamente. Por exemplo, um dispositivo pode falhar na verificação da autenticidade da outra parte. Mesmo que a ligação seja encriptada, pode ser interceptada por um atacante do tipo Man-in-the-Middle.

Os dados sensíveis que são armazenados num dispositivo (em repouso) também devem ser protegidos por encriptação. Os pontos fracos típicos são a falta de encriptação através do armazenamento de fichas API ou credenciais em texto simples num dispositivo. Outros problemas são a utilização de algoritmos criptográficos fracos ou a utilização de algoritmos criptográficos de formas não intencionais.

5. Vulnerabilidades de aplicação

Reconhecer que o software contém vulnerabilidades é, em primeiro lugar, um passo importante na segurança de dispositivos IoT. Os bugs de software podem tornar possível acionar funcionalidades no dispositivo que não foram pretendidas pelos programadores. Em alguns casos, isto pode resultar em que o atacante execute o seu próprio código no dispositivo, tornando possível extrair informações sensíveis ou atacar outras partes.

Como todos os bugs de software, as vulnerabilidades de segurança são impossíveis de evitar completamente quando se desenvolve software. Contudo, existem métodos para evitar vulnerabilidades bem conhecidas ou reduzir a possibilidade de vulnerabilidades. Isto inclui as melhores práticas para evitar vulnerabilidades de aplicações, tais como a validação consistente de entradas.

6. Falta de um ambiente de execução de confiança

A maioria dos dispositivos IoT são efectivamente computadores de uso geral que podem executar software específico. Isto torna possível que os atacantes instalem o seu próprio software que tem uma funcionalidade que não faz parte do funcionamento normal do dispositivo. Por exemplo, um atacante pode instalar software que execute um ataque DDoS. Ao limitar a funcionalidade do dispositivo e do software que pode executar, as possibilidades de abuso do dispositivo são limitadas. Por exemplo, o dispositivo pode ser restringido para se ligar apenas ao serviço de nuvem do fornecedor. Esta restrição torná-lo-ia ineficaz num ataque DDoS, uma vez que já não pode ligar-se a anfitriões alvo arbitrários.

Para limitar o software que um dispositivo pode executar, o código é tipicamente assinado com um hash criptográfico. Uma vez que só o fornecedor tem a chave para assinar o software, o dispositivo só executará software distribuído pelo fornecedor. Desta forma, um atacante já não pode executar um código arbitrário num dispositivo.

Para restringir totalmente o código executado no dispositivo, a assinatura do código também deve ser implementada no processo de arranque, com a ajuda de hardware. Isto pode ser difícil de implementar correctamente. Os chamados 'jailbreaks' em dispositivos como o Apple iPhone, Microsoft Xbox e Nintendo Switch são o resultado de erros na implementação de ambientes de execução de confiança.

7. Postura de segurança do fornecedor

Quando são encontradas vulnerabilidades de segurança, a reacção do fornecedor determina grandemente o impacto. O fornecedor tem um papel a desempenhar para receber informações sobre potenciais vulnerabilidades, desenvolver uma mitigação, e actualizar dispositivos no terreno. A postura de segurança do fornecedor é muitas vezes determinada pela existência ou não de um processo para lidar adequadamente com as questões de segurança.

O consumidor percebe principalmente a postura de segurança do vendedor como uma melhor comunicação com o vendedor em relação à segurança. Quando um vendedor não fornece informações de contacto ou instruções sobre como agir em caso de comunicação de um problema de segurança, provavelmente não ajudará a mitigar o problema.

Sem conhecimento de limitações, os utilizadores finais continuarão a utilizar o dispositivo no método pretendido. Isto pode resultar num ambiente menos seguro. Os fornecedores podem facilitar as coisas aos clientes, aconselhando a frequência das actualizações de segurança do dispositivo, e como eliminar ou revender o dispositivo em segurança, de modo a que os dados sensíveis não sejam transmitidos.

8. Protecção insuficiente da privacidade

Os dispositivos de consumo normalmente armazenam informação sensível. Os dispositivos que são implantados numa rede sem fios armazenam a palavra-passe dessa rede. As câmaras podem fornecer uma gravação vídeo e áudio da casa em que estão implantadas. Se esta informação fosse acedida por atacantes, constituiria uma grave violação da privacidade.

Os dispositivos IoT e serviços relacionados devem tratar as informações sensíveis de forma correcta, segura e apenas após o consentimento do utilizador final do dispositivo. Isto aplica-se tanto ao armazenamento como à distribuição de informação sensível.

Em caso de protecção da privacidade, o vendedor desempenha um papel importante. Para além de um atacante externo, o vendedor ou uma parte afiliada pode ser responsável por uma violação da privacidade. O vendedor ou prestador de serviços de um dispositivo IdC poderia, sem consentimento explícito, recolher informações sobre o comportamento dos consumidores para fins como estudos de mercado. São conhecidos vários casos em que dispositivos IdC, por exemplo televisões inteligentes, podem estar a ouvir conversas dentro de uma casa.

9. Ignorância da intrusão

Quando um dispositivo é comprometido, muitas vezes continua a funcionar normalmente do ponto de vista do utilizador. Qualquer largura de banda adicional ou utilização de energia não é normalmente detectada. A maioria dos dispositivos não possui funcionalidades de registo ou de alerta para notificar o utilizador de quaisquer problemas de segurança. Se tiverem, estes podem ser substituídos ou desactivados quando o dispositivo é pirateado. O resultado é que os utilizadores raramente descobrem que o seu dispositivo está sob ataque ou foi comprometido, impedindo-os de tomar medidas atenuantes.

10. Segurança física insuficiente

Se os atacantes tiverem acesso físico a um dispositivo, podem abrir o dispositivo e atacar o hardware. Por exemplo, ao ler directamente o conteúdo dos componentes da memória, qualquer software de protecção pode ser contornado. Além disso, o dispositivo pode ter contactos de depuração, acessíveis após a abertura do dispositivo, que proporcionam a um atacante possibilidades adicionais.

Os ataques físicos têm um impacto num único dispositivo e requerem interacção física. Uma vez que não é possível realizar estes ataques en-masse a partir da Internet, não reconhecemos que este seja um dos maiores problemas de segurança, mas está no entanto incluído.

Um ataque físico pode ter impacto se descobrir uma chave de dispositivo que é partilhada entre todos os dispositivos do mesmo modelo, comprometendo assim uma vasta gama de dispositivos. Contudo, nesse caso, consideramos a partilha da chave entre todos os dispositivos como sendo o problema mais importante, e não a segurança física.

11. Interacção do utilizador

Os vendedores podem encorajar a implementação segura dos seus dispositivos, facilitando a sua configuração em segurança. Ao dar a devida atenção à usabilidade, concepção e documentação, os utilizadores podem ser incentivados a configurar configurações seguras.

Existe uma sobreposição parcial entre esta categoria e outras categorias acima listadas. Por exemplo, o problema do controlo de acesso incorrecto acima mencionado inclui a utilização de palavras-passe inseguras ou por defeito. Uma maneira de resolver isto é tornar a interacção do utilizador com o dispositivo de tal forma que seja muito fácil ou mesmo obrigatório configurar uma palavra-passe segura.

Para a maioria das categorias de segurança acima referidas, é difícil para um utilizador não técnico avaliar se um dispositivo cumpre o requisito. Contudo, a interacção do utilizador pode, por definição, ser percebida pelo utilizador final, e assim o consumidor pode avaliar o desempenho de um dispositivo na interacção do utilizador.

A interacção dos utilizadores é uma categoria importante para garantir que as medidas de segurança implementadas são activadas e utilizadas correctamente. Se for possível alterar a password predefinida, mas o utilizador não souber ou não puder descobrir a funcionalidade, é inútil.

1.2 Dispositivos com segurança física limitada ou inexistente e capacidades limitadas de computação de segurança
limitações dos dispositivos IoT:

Muitos dispositivos IoT vêm com limitações inerentes em **potência, processamento e memória**. Como consequência, nem sempre são geridos com os padrões avançados de segurança a necessidade, razão pela qual correm maior risco de serem atacados ou de sucumbir a defeitos.

Segurança dos dispositivos IoT:

A segurança da IdC é a **prática que mantém os seus sistemas IdC seguros**. As ferramentas de segurança da IdC protegem contra ameaças e violações, identificam e monitorizam riscos e podem ajudar a corrigir vulnerabilidades. A segurança IoT assegura a disponibilidade, integridade, e confidencialidade da sua solução IoT.

O que é a segurança da Internet de alta velocidade?

A segurança da IdC é a prática que mantém os seus sistemas IdC seguros.

As ferramentas de segurança da IdC protegem contra ameaças e violações, identificam e monitorizam riscos e podem ajudar a corrigir vulnerabilidades.

A segurança da IdC garante a disponibilidade, integridade, e confidencialidade da sua solução IdC.

Porque é que a segurança da Internet de alta velocidade é tão importante?

Desde aumentar a segurança das estradas, automóveis e casas, até melhorar fundamentalmente a forma como fabricamos e consumimos os produtos, as soluções de IoT fornecem dados e conhecimentos valiosos que irão melhorar a forma como trabalhamos e vivemos.

O sucesso depende da garantia da integridade e confidencialidade das soluções e dados da Internet sem fios, ao mesmo tempo que se atenuam os riscos de ciber-segurança.

Então, o que devemos saber sobre a segurança da Internet de alta velocidade?

Construir confiança em dispositivos ligados à Internet de alta velocidade

Os benefícios da IdC são inegáveis, e no entanto, ataques de alto nível, combinados com a incerteza sobre as melhores práticas de segurança e os seus custos associados, estão a impedir muitas empresas de adoptarem a tecnologia.

Além disso, os utilizadores finais estão atentos às consequências das violações de segurança da Internet de alta velocidade.

Pesquisas recentes indicam que 90% dos consumidores não têm confiança na segurança dos dispositivos IoT.

Um inquérito realizado em 2019 na Austrália, Canadá, França, Japão, Reino Unido e Estados Unidos revelou que 63% dos consumidores consideram mesmo os dispositivos conectados "assustadores".

Isto ilustra um dos muitos aspectos dos **desafios de segurança da IdC**.

A segurança digital deve ser concebida em dispositivos IoT a partir do solo e em todos os pontos do ecossistema para evitar que as vulnerabilidades numa parte ponham em risco a segurança do todo.

Como líder mundial em segurança digital e, em particular, na segurança de dispositivos de Internet de banda larga, a Thales fornece aos clientes os conhecimentos, soluções e serviços necessários para mitigar o risco de ciber-segurança e confiança no poder da Internet de banda larga.

Compreender os riscos de segurança da IOT

Os ecossistemas modernos da IOT são complexos.

Máquinas e objectos em praticamente qualquer indústria podem ser ligados e configurados para enviar dados através de redes celulares para aplicações em nuvem e backends.

O risco de segurança digital está presente em cada passo ao longo da jornada da IdC, e há um monte de hackers que tirariam partido da vulnerabilidade de um sistema.

Infelizmente, os diversos tipos de dados e o poder computacional entre os dispositivos IoT significam que **não existe uma** solução de segurança cibernética de **"tamanho único"** que possa proteger qualquer implementação IoT.

O primeiro passo para qualquer negócio de IdC é submeter-se a uma avaliação completa dos riscos de segurança que examina as vulnerabilidades em dispositivos e sistemas de rede e sistemas backend de utilizadores e clientes.

O risco deve ser mitigado durante todo o ciclo de vida da instalação da IdC, especialmente à medida que esta se dimensiona e expande geograficamente.

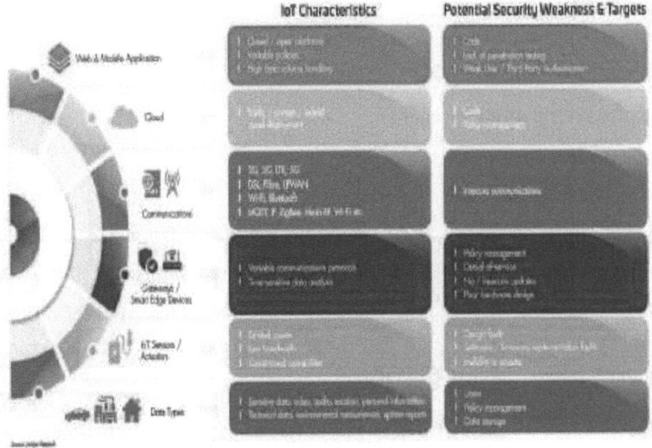

porque é que os dispositivos IoT têm tão pouca segurança?

As vulnerabilidades são um grande problema que aflige constantemente os utilizadores e as organizações. Uma das principais razões pelas quais os dispositivos IoT são vulneráveis é a **falta de capacidade computacional para a segurança incorporada.**

1.3 <u>gestão remota da segurança</u>

• a importância da segurança quando se trabalha à distância e destaca técnicas simples que os utilizadores podem empregar para se protegerem enquanto estão a trabalhar à distância.

• gestão remota da segurançavjefcrs para qualquer política, solução, estratégia ou processo de segurança que

existe para impedir o acesso não autorizado à sua rede, aos seus recursos, ou a quaisquer dados confidenciais ou sensíveis. Essencialmente, o acesso remoto seguro é uma mistura de estratégias de segurança e não necessariamente uma tecnologia específica como uma VPN.

• Secure Remote Access é uma combinação de processos ou soluções de segurança concebidos para impedir o acesso não autorizado aos bens digitais de uma organização e evitar a perda de dados sensíveis.

• Porque é que a segurança é importante enquanto se trabalha à distância

o Trabalho à distância apresenta muitos riscos É responsável pela sua própria segurança o Os locais públicos podem ter criminosos e concorrentes

o A falta de preparação pode fazer de si um alvo fácil

Quando trabalha à distância, é responsável por garantir a segurança de si próprio, dos seus pertences e das suas informações. Quando trabalha à distância, não tem o benefício da segurança que tem no seu escritório. Normalmente não tem frequentemente controlo sobre o seu ambiente ou sobre as pessoas que lhe rodeiam. Isto torna o trabalho à distância mais arriscado do que o seu ambiente no trabalho ou em casa. A falta de preparação para trabalhar à distância pode torná-lo um alvo fácil para ladrões, carteiristas, concorrentes sem escrúpulos, e outros criminosos. Uma boa preparação, contudo, pode reduzir significativamente os seus riscos e tornar a sua experiência muito mais relaxante e produtiva.

• Riscos do trabalho à distância

o Uma falta de segurança pode resultar em perdas significativas

■ Roubo de bens e objectos de valor

■ Perda de informação confidencial

• Técnicas simples podem torná-lo seguro

o Segurança pessoal para se proteger

o Protecção dos seus objectos de valor e informações

Se não tiver bons hábitos de segurança, pode sofrer uma perda significativa. Pode ter os seus bens ou objectos de valor roubados. Isto pode incluir a sua carteira, dinheiro, jóias, e documentos de identificação. Pode também perder informações confidenciais que transporta. O roubo de carteiras, livros de cheques, cartões de identificação, cartões de pagamento e informações de contas bancárias que contêm são os principais métodos de roubo de identidade. A perda destes artigos pode também dificultar quaisquer planos ou viagens. O roubo pode incluir uma pasta ou um portátil. As informações que contêm podem incluir planos confidenciais de produtos da empresa, nomes de clientes, conhecimentos de propriedade, e outros itens que podem ser muito valiosos para um concorrente. Mesmo a informação pessoal que aí é armazenada é valiosa para um ladrão. O inconveniente que resulta pode estragar o seu trabalho e a sua viagem. O que pode parecer um simples incidente, pode na realidade resultar num problema significativo. Técnicas simples podem, no entanto, protegê-lo contra muitos destes riscos de segurança. Estas técnicas simples devem concentrar-se na sua segurança pessoal para se proteger, como proteger os seus valores e informações confidenciais, saber onde encontrar assistência quando precisar, e ter planos de contingência em caso de emergências.

Prepare o seu computador

• Verifique se preparou o seu computador para trabalhar em segurança enquanto está à distância

o Garantir-lhe um bloqueio físico do computador

• Assegure-se de que o seu sistema operativo está remendado, e que todas as ferramentas de segurança e anti-vírus estão activadas e actualizadas

• Levar apenas a informação de que necessita Encriptar os dados no seu computador Efectuar uma cópia de segurança dos dados do computador antes de sair do escritório

Se estiver a levar o seu computador, é importante assegurar-se de que este é seguro. Não só o próprio computador é valioso para um ladrão, como os dados nele contidos também são valiosos para ladrões e concorrentes. Muitas pessoas foram vítimas de roubo de computadores, o que resultou na perda de segredos sensíveis da empresa, milhões de registos e informações pessoais, e segredos governamentais. Uma preparação adequada poderia ter evitado estas perdas. Um bom bloqueio do computador permitir-lhe-á proteger o seu computador enquanto estiver a trabalhar nele, e evitará a maior parte dos furtos de roubo. A correcção do seu computador e a garantia de que está actualizado dá-lhe as mais recentes ferramentas de segurança antes de partir para a estrada. Irá minimizar a exposição a malware, e ataques quando a sua capacidade de fazer actualizações pode ser limitada. Se tiver de levar informações e dados confidenciais ou sensíveis no seu computador portátil, encripte-os. A sua empresa deverá ser capaz de lhe fornecer uma solução, uma vez que muitos sistemas operativos mais recentes incluem tecnologia de encriptação de disco, e muitas ferramentas de terceiros também estão disponíveis. A realização de uma cópia de segurança de dados permite-lhe restaurar informação se o seu sistema for roubado, danificado ou tiver um acidente enquanto estiver à distância. Sabendo que qualquer dano no seu computador pode ser mitigado ao ter uma cópia de segurança dos seus dados, pode fazê-lo respirar um pouco mais facilmente.

Dicas básicas de segurança para o ambiente de trabalho remoto

- Utilizar palavras-passe fortes. ...
- Utilizar autenticação de dois factores. ...
- Actualize o seu software. ...
- Restringir o acesso usando firewalls. ...
- Activar a Autenticação de Nível de Rede. ...
- Limitar utilizadores que podem iniciar sessão utilizando o Remote Desktop. ...
- Estabelecer uma política de bloqueio de contas.

1. Usar palavras-passe fortes

Senhas fortes em quaisquer contas com acesso ao Remote Desktop devem ser consideradas um passo necessário antes de permitir o Remote Desktop. Consultar as directrizes de complexidade de senhas do campus para dicas.

2. Usar autenticação de dois factores

Os departamentos devem considerar a utilização de uma abordagem de autenticação com dois factores. Este tópico está para além do âmbito deste artigo, mas as RD Gateways podem ser configuradas para se integrarem com a instância do Campus do DUO. Outras opções não apoiadas pelas opções disponíveis no Campus seriam um mecanismo simples para controlar a autenticação através de smartcards baseados em certificados de dois factores. Esta abordagem utiliza o próprio anfitrião do Remote Desktop, em conjunto com YubiKey e RSA como exemplos.

3. Actualize o seu software

Uma vantagem de utilizar o Remote Desktop em vez de ferramentas de administração remota de terceiros é que os componentes são actualizados automaticamente com as últimas correcções de segurança no ciclo de correcções padrão da Microsoft. Certifique-se de que está a executar as últimas versões tanto do software cliente como do software servidor, activando e auditando as actualizações automáticas da Microsoft. Se estiver a utilizar clientes Remote Desktop noutras plataformas, certifique-se de que ainda são suportados e de que tem as versões mais recentes. As versões mais antigas podem não suportar alta encriptação e podem ter outras falhas de segurança.

4. Restringir o acesso usando firewalls

Utilizar firewalls (tanto software como hardware quando disponíveis) para restringir o acesso às portas de escuta remota do ambiente de trabalho (o padrão é TCP 3389). A utilização de um gateway RDP é altamente recomendada para restringir o acesso RDP a desktops e servidores (ver discussão abaixo). Como alternativa para apoiar a conectividade fora do campus, pode usar o software VPN do campus para obter um endereço IP do campus e adicionar o conjunto de endereços de rede VPN do campus à sua regra de excepção de firewall RDP. <u>Visite a nossa página para mais informações sobre o serviço de VPN do campus.</u>

5. Habilitar Autenticação de Nível de Rede

O Windows 10, Windows Server 2012 R2/2016/2019 também fornece a Autenticação de Nível de Rede (NLA) por defeito. É melhor deixar isto no lugar, pois o NLA fornece um nível extra de autenticação antes de ser estabelecida uma ligação. Só deve configurar os servidores Remote Desktop para permitir ligações sem NLA se utilizar clientes Remote Desktop em outras plataformas que não o suportem.

• O NLA deve ser activado por defeito no Windows 10, Windows Server 2012 R2/2016/2019.

• Para verificar pode consultar a definição da Política de Grupo Exigir autenticação de utilizador para ligações remotas utilizando a Autenticação ao Nível da Rede encontrada em Computadores\Políticas\Políticas\Configuração do Windows\Serviços de Desktop Remoto\Sessão de Segurança do Desktop Remoto\Segurança. Esta configuração da Política de Grupo deve ser activada no servidor que executa a função de Anfitrião de Sessão Desktop Remota.

• <u>https://docs.microsoft.com/en-us/windows-server/remote/remote-desktop-serviços/clientes/acesso ao sitio remoto</u>(a ligação é externa)

6. Limitar utilizadores que podem entrar usando o Remote Desktop

Por defeito, todos os Administradores podem iniciar sessão no Remote Desktop. Se tiver múltiplas contas de Administrador no seu computador, deve limitar o acesso remoto apenas às contas que dele necessitem. Se o Remote Desktop não for utilizado para administração do sistema, remover todo o acesso administrativo via RDP, e permitir apenas contas de utilizador que necessitem do serviço RDP. Para os departamentos que gerem muitas máquinas remotamente, remova a conta de Administrador local do acesso ao RDP e adicione um grupo técnico em seu lugar.

1. Clique em Iniciar->Programas->Ferramentas Administrativas->Política de Segurança Local

2. Em Políticas Locais-->Cessão de Direitos do Utilizador, vá para "Permitir o acesso através dos Serviços do Terminal". Ou "Permitir início de sessão através de Serviços Remotos de Ambiente de Trabalho".

3. Remover o grupo de Administradores e deixar o grupo de Utilizadores de Desktop Remoto.

4. Utilize o painel de controlo do sistema para adicionar utilizadores ao grupo Remote Desktop Users.

1.4identificação <u>e gestão dos riscos dos dispositivos de ponto final de escala, incluindo os sensores:</u>

Definição: A identificação do risco é **o processo de determinação dos riscos que podem potencialmente impedir o programa, empresa, ou investimento de alcançar os seus objectivos.** Inclui a documentação e a comunicação da preocupação. Palavras-chave: risco, identificação do risco, gestão do risco.

etapas envolvidas na identificação e gestão dos riscos?

As 4 etapas essenciais do Processo de Gestão do Risco são:
- Identificar o risco.
- Avaliar o risco.
- Tratar o risco.
- Monitorizar e Informar sobre o risco.

Etapa 1: Identificação do risco

O primeiro passo no processo de gestão do risco é identificar todos os eventos que podem afectar negativamente (risco) ou positivamente (oportunidade) os objectivos do projecto:

- Marcos do projecto
- Directoria do trajecto financeiro do projecto
- Âmbito do projecto

Estes eventos podem ser listados na matriz de risco e posteriormente capturados no registo de risco.

Um risco (ou oportunidade) é caracterizado pela sua descrição, causas e consequências, avaliação qualitativa, avaliação quantitativa e plano de atenuação. Também pode ser caracterizado por quem é responsável pela sua acção. Cada uma destas características é necessária para que um risco (ou oportunidade) seja válido.

Para serem geridos eficazmente, os Riscos e Oportunidades (R&O) identificados devem ser tão precisos e específicos quanto possível. O título do risco ou oportunidade deve ser sucinto, auto-explicativo e claramente definido.

Todos os membros do projecto podem e devem identificar R&O, e o conteúdo dos mesmos é da responsabilidade dos Proprietários de Risco (ou Oportunidade). Os Gestores de Risco são responsáveis por assegurar que um processo formal de identificação de riscos e desenvolvimento de planos de resposta seja conduzido através de intercâmbios com os proprietários de risco. Explicaremos cada uma destas funções em mais pormenor no nosso próximo artigo sobre <u>as Funções da Equipa de Gestão de Riscos</u>. Abaixo estão exemplos de ferramentas para ajudar a identificar a R&O:

- Análise da documentação existente
- Entrevistas com peritos
- Realização de reuniões de brainstorming
- Utilizando as abordagens de metodologias padrão - tais como Modos de Falha, Efeitos e Análise de Criticidade (FMECA), causar árvores, etc.
- Considerando as lições aprendidas com as I&O encontradas em projectos anteriores
- Utilizando listas de verificação ou questionários pré-estabelecidos que cobrem as diferentes áreas do projecto (Estrutura de Discriminação de Riscos ou RBS).

Etapa 2: Avaliação dos riscos

Existem dois tipos de avaliações de risco e de oportunidade: qualitativa e quantitativa. Uma avaliação qualitativa analisa o nível de criticidade com base na probabilidade e impacto do evento. Uma avaliação quantitativa analisa o impacto ou benefício financeiro do evento. Ambas são necessárias para uma avaliação abrangente dos riscos e oportunidades.

Avaliação qualitativa

O Proprietário do Risco e o Gestor do Risco classificarão e darão prioridade a cada risco e oportunidade identificados por **probabilidade de ocorrência** e **gravidade do impacto**, de acordo com as escalas de criticidade do projecto.

Avaliar a probabilidade de ocorrência (P):

Isto é determinado de preferência com base na experiência, no progresso do projecto, ou então falando com um perito em riscos, e é numa escala de 1 a 99%.

Por exemplo, suponha-se o risco de que: "a incapacidade do fornecedor X de realizar estudos sobre uma modificação Y até ao final de 2025" é 50% provável. Isto poderia ser determinado a partir do feedback e da análise da carga de trabalho do fornecedor.

Avaliar a gravidade dos impactos (I):

Para avaliar o impacto global, é necessário estimar a gravidade de cada um dos impactos definidos ao nível do projecto. É utilizada uma escala para classificar os diferentes impactos e as suas severidades. Isto assegura que a avaliação do risco e da oportunidade seja padronizada e fiável.

O nível de criticidade de um risco ou oportunidade é obtido pela equação: **Criticidade = P x I**

O objectivo da avaliação qualitativa é assegurar que a equipa de gestão do risco dê prioridade à resposta em itens críticos.

Avaliação Quantitativa

Na maioria dos projectos, o objectivo da avaliação quantitativa é estabelecer uma avaliação financeira do impacto de um risco ou do benefício de uma oportunidade, caso ocorra. Esta etapa é realizada pelo Proprietário do Risco, o Gestor do Risco (com o apoio dos responsáveis pelas estimativas e números), ou o controlador de gestão, dependendo da organização criada na empresa. Estes montantes representam um custo adicional potencial (ou um lucro potencial se estivermos a falar de uma oportunidade) não previsto no orçamento do projecto.

Para tal, é portanto necessário:

- Avaliar os custos adicionais decorrentes da revisão financeira:
  o Horas de engenharia interna
  o Horas de subcontratação
  o Trabalho adicional a fazer
  o Alterações e/ou reclamações feitas a contratos
  o Etc.
- Para calcular o custo das consequências indesejáveis do evento, adicionando estes valores.

Este passo tornará possível estimar a necessidade de orçamento adicional para riscos e oportunidades do projecto.

Etapa 3: Tratamento de risco

A fim de tratar os riscos, uma organização deve primeiro identificar as suas estratégias para o fazer, desenvolvendo um plano de tratamento. O objectivo do plano de tratamento do risco é reduzir a probabilidade de ocorrência do risco (acção preventiva) e/ou reduzir o impacto do risco (acção de mitigação). Para uma oportunidade, o objectivo do plano de tratamento é aumentar a probabilidade de ocorrência da oportunidade e/ou aumentar os seus benefícios. Dependendo da natureza do risco ou da oportunidade, é definida uma estratégia de resposta para o projecto. As 7 estratégias seguintes são possíveis:

1.1 Estratégias de Resposta ao Risco

- **Aceitar:** Não iniciar qualquer acção, mas continuar a monitorizar.
- **Mitigar/Encontrar:** Reduzir (para um risco) ou aumentar (para uma oportunidade) a probabilidade de ocorrência e/ou a gravidade do impacto.
- **Transferência/ Partilha:** Transferir a responsabilidade de um risco para um terceiro que suportaria as consequências do problema (partilhar os benefícios de uma oportunidade realizada).
- **Evitar/Explorar:** Eliminar totalmente a incerteza / tirar partido da oportunidade.

A monitorização do progresso do plano de tratamento é da responsabilidade do proprietário do risco. Devem informar regularmente o gestor de riscos, que deve manter o registo dos riscos actualizado.

Nota: O custo de um plano de atenuação do risco deve ser integrado no orçamento do projecto.

Ao definir um plano de tratamento:

- Cada acção começa com um verbo de acção e tem um objectivo claro.
- Cada acção tem um accionista e um prazo.
- As acções que possam gerar custos devem ser seguidas e consideradas no projecto.
- Por exemplo: para reduzir o risco de avaria do meu carro, um plano de tratamento poderia ser mandá-lo verificar anualmente por uma oficina de reparação.

Quando é que o risco se torna um problema?

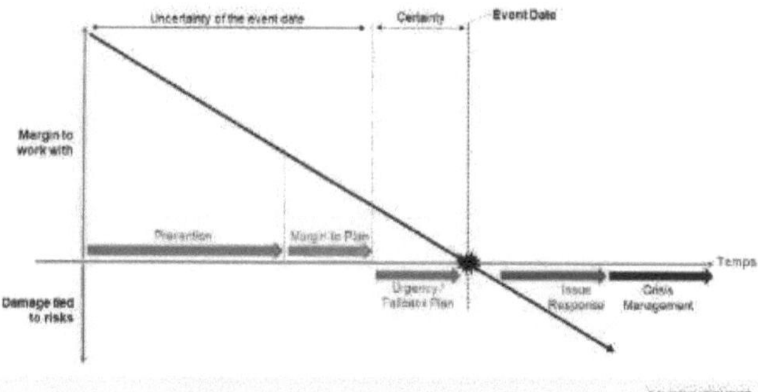

Antecipação de Riscos e Oportunidades

É possível que, apesar das acções postas em prática para a mitigar ou prevenir, uma probabilidade de risco possa aumentar e atingir 100%. Uma vez confirmado um risco, já não nos referimos a ele como um risco, mas como um problema. O Gestor de Risco deve então informar os vários intervenientes no projecto que irão transmitir que um risco se tornou um problema e transferi-lo para o registo de problemas.

Etapa 4: Monitorização e Comunicação de Riscos

Os riscos e oportunidades e os seus planos de tratamento precisam de ser monitorizados e comunicados. A frequência desta dependerá da criticidade do risco/opp. Ao desenvolver uma estrutura de monitorização e de elaboração de relatórios, assegurará a existência de fóruns apropriados para a escalada e que as respostas adequadas aos riscos estão a ser tomadas.

O que é a gestão e identificação de riscos?

A identificação de riscos é **o processo de documentação de quaisquer riscos que possam impedir uma organização ou programa de alcançar o seu objectivo.** É o primeiro passo no processo de gestão do risco, que foi concebido para ajudar as empresas a compreender e planear os riscos potenciais.

métodos de identificação de riscos?

1.2 formas de identificar o risco

- Brainstorming. Brainstorming é o acto de reunir membros da equipa para pensar e discutir um assunto e formar soluções para quaisquer problemas identificados. ...

- Entrevistas com as partes interessadas. ...

- Técnica NGT. ...

- Diagrama de afinidade. ...

- Revisão dos requisitos. ...

- Planos de projecto. ...

- Análise da causa raiz. ...

- Análise SWOT.

principal objectivo da identificação do risco:

- O objectivo da identificação do risco é **identificar todos os riscos possíveis**, e não eliminar os riscos de

consideração ou para desenvolver soluções de atenuação dos riscos - estas funções são realizadas durante as etapas de avaliação e de atenuação dos riscos.

5 riscos identificados?

É importante identificar o maior número possível destes factores de risco. Num ambiente manual, estes riscos são anotados manualmente.

...

Etapa 1: Identificar o risco

- Riscos legais.
- Riscos ambientais.
- Riscos de mercado.
- Riscos regulamentares, etc.

1.5 Resiliência criptográfica:

Com a moeda criptográfica, o custo da transacção é baixo a nada - a não ser, por exemplo, a taxa de transferência de dinheiro de uma <u>carteira digital</u> para uma conta bancária. Pode-se fazer transacções a qualquer hora do dia ou da noite, e não há limites de compras e levantamentos. E qualquer pessoa é livre de utilizar moeda criptográfica, ao contrário da criação de uma conta bancária, que requer documentação e outros documentos. As transacções em moeda criptográfica internacional também são mais rápidas do que as transferências bancárias. As transferências bancárias demoram cerca de meio dia para que o dinheiro seja transferido de um local para outro. Com moedas criptográficas, as transacções demoram apenas uma questão de minutos ou mesmo segundos.

1.6 <u>Gestão de segurança de sistemas distribuídos:</u>

A segurança engloba muitas coisas, incluindo a autenticação de utilizadores e dados, a ocultação de conteúdos de dados enquanto estão em repouso (por exemplo, armazenados em ficheiros) ou em movimento (deslocação através de uma rede), a destruição de dados, o mascaramento como outro servidor ou utilizador, o fornecimento de dados falsos (por exemplo, o endereço IP errado para uma consulta DNS), e a segurança física das instalações. Vamos focar aqui apenas alguns tópicos.

A segurança em sistemas distribuídos introduz duas preocupações específicas que os sistemas centralizados não têm. A primeira é a utilização de uma rede onde os conteúdos podem ser vistos por outras partes, possivelmente maliciosas. A segunda é a utilização de servidores. Uma vez que os clientes interagem com serviços (aplicações) executados num servidor, a aplicação em vez do sistema operativo é responsável pela autenticação do cliente e pelo controlo do acesso aos serviços. Além disso, o acesso físico ao sistema e os controlos de segurança configurados para o sistema operativo podem ser desconhecidos pelo cliente.

A segurança informática consiste em manter os sistemas, programas e dados seguros. Aborda três grandes áreas: **confidencialidade, integridade, e disponibilidade.** Juntos, estes são referidos como a **Tríade da CIA. Confidencialidade**

A confidencialidade trata de manter os recursos e dados escondidos ou inacessíveis a indivíduos não autorizados. É tratada por mecanismos de controlo de acesso em sistemas operativos ou software de aplicação. Se os dados podem ser acedidos através do sistema de ficheiros ou visíveis através de uma rede, a confidencialidade é abordada através da encriptação dos dados. As decisões de uma aplicação sobre se os dados devem ser tornados acessíveis a um utilizador dependem da identificação e autenticação do utilizador ou serviço.

Integridade

A integridade trata da fiabilidade dos dados ou dos recursos. Os mecanismos de integridade são responsáveis pela prevenção de alterações não autorizadas aos dados ou pela detecção de que foram feitas alterações. Os mecanismos de integridade são utilizados para validar a identidade dos utilizadores, sistemas, e serviços através de algoritmos de autenticação.

Disponibilidade

A disponibilidade consiste em ter acesso aos dados ou aos serviços informáticos. É a propriedade que um sistema é acessível e funciona correctamente. A acessibilidade inclui tolerância a falhas, recuperação, e restauração.

A segurança é uma questão de sistemas e permeia a concepção de todo um sistema. Não é um módulo ou componente adicional. A segurança abrange o hardware, firmware, e o sistema de perating através do software de aplicação. Inclui toda a rede e até mesmo os utilizadores. A segurança inclui também os processos, procedimentos e políticas que são definidos e implementados para assegurar o acesso, disponibilidade e recuperação adequados.

1.7 Preocupações de privacidade, ameaças e ataques à IOT

Para além dos ataques de malware e MITM discutidos acima, os sistemas IoT também podem ser susceptíveis a vários ciberataques. Aqui está uma lista dos tipos mais comuns de ataques a dispositivos IoT:

O que são os ataques da IOT?

A paisagem da IdC inclui uma série de dispositivos ligados em rede, muitos dos quais usamos no nosso quotidiano, incluindo telemóveis, relógios inteligentes, fechaduras e aparelhos inteligentes, câmaras fotográficas, e equipamento e sensores industriais. Toda a superfície de ataque da Internet das coisas é a soma total dos riscos de segurança destes dispositivos e do maior ecossistema e infra-estrutura de rede em que estão integrados.

Os dispositivos IoT são essencialmente "sem cabeça", sem características de segurança a bordo ou a capacidade de instalar software. Esta limitação não era importante nas configurações tradicionais de tecnologia operacional (OT) porque estavam isolados das grandes redes informáticas e não estavam ligados ao mundo exterior de forma alguma. Mas à medida que a tecnologia avançou, o mesmo aconteceu com a interligação dos ecossistemas da IdC com a rede empresarial e a totalidade da Internet.

Esta nova conectividade fez da Internet de banda larga e dos dispositivos industriais de Internet de banda larga um alvo principal para os cibercriminosos. Os ataques de IdC incluem quaisquer ciberataques que procuram obter acesso a (ou controlo sobre) dispositivos IdC com a intenção de causar danos aos dispositivos ou de os utilizar em ataques contra outros alvos.

Desafios associados à segurança da IOT

A maioria dos dispositivos IoT não são concebidos com a segurança em mente, e muitos não têm sistemas operativos tradicionais ou mesmo memória ou poder de processamento suficiente para incorporar características de segurança. Não só isso, mas também os dispositivos IoT estão a crescer em número, com mais de um milhão de novos dispositivos ligados à Internet todos os dias. O resultado é uma quantidade significativa de dados que circulam livremente entre dispositivos e através de ambientes de rede, escritórios remotos, trabalhadores móveis, e nuvens públicas com visibilidade mínima, tornando difícil o rastreio e a segurança destes dados.

Quais são os riscos da IdC?

Os dispositivos IoT são vulneráveis ao sequestro e armamento para utilização em ataques de negação de serviço distribuída (DDoS), bem como a injecção de código direccionado, ataques de homem no meio, e spoofing. O malware é também mais facilmente escondido no grande volume de dados IoT, e os dispositivos IoT por vezes vêm mesmo com malware já a bordo. Além disso, alguns dispositivos IoT podem ser controlados remotamente ou ter a sua funcionalidade desactivada por maus agentes. De facto, enxames de dispositivos IoT comprometidos podem actuar como enxames que podem realmente mudar o jogo em termos de protecção contra este tipo de ataques.

Ameaças IoT adicionais incluem o seguinte:

1. Convergência de TI, OT, e IoT

Os dispositivos IoT tornaram-se omnipresentes na tecnologia operacional (OT); são utilizados para tudo, desde sensores de temperatura e pressão até dispositivos robóticos que melhoram a eficiência da linha de montagem.

Historicamente, os sistemas OT e as redes informáticas eram "air-gapped"; os OT eram separados do resto da empresa e não estavam ligados à Internet exterior. No entanto, como OT e IT convergiram, os dispositivos OT estão agora regularmente ligados e acessíveis tanto a partir do interior como do exterior da rede da empresa. Esta nova conectividade deixa tanto as redes OT como IT vulneráveis às ameaças da IdC e exige novas abordagens mais holísticas à segurança.

2. Botnets

Os grupos de crimes cibernéticos podem comprometer os dispositivos IoT ligados à Internet e utilizá-los em massa para realizar ataques. Ao instalar malware nestes dispositivos, os ciber-criminosos podem requisitá-los e usar o seu poder computacional colectivo para atacar alvos maiores em ataques DDoS, enviar spam, roubar informação, ou mesmo espiar usando dispositivos IoT com uma câmara ou capacidades de gravação de som. Botnets massivos compostos por centenas de milhares ou mesmo milhões de dispositivos IoT também têm sido utilizados para realizar ataques.

3. Ransomware

O Ransomware é uma forma de malware concebida para bloquear ficheiros ou dispositivos até que um resgate seja pago. Os dispositivos IoT, no entanto, raramente têm muitos - se é que têm algum - ficheiros armazenados neles. Por conseguinte, é pouco provável que um ataque de resgate de IoT impeça os utilizadores de acederem a dados críticos (que é o que força o pagamento do resgate). Com isto em mente, os ciber-criminosos que lançam ataques de resgate de IoT podem tentar bloquear o próprio dispositivo, embora isto possa muitas vezes ser desfeito através da reinicialização do dispositivo e/ou da instalação de uma correcção.

Como os resgates realmente avançam no mundo da Internet de alta velocidade (IoT) concentrando-se nos dispositivos críticos da Internet de alta velocidade (tais como os utilizados em ambientes industriais ou aqueles dos quais dependem operações comerciais significativas) e exigindo que os resgates sejam pagos num período de tempo muito curto (antes de um dispositivo poder ser devidamente reiniciado).

4. Ataques baseados em IA

Os maus actores têm vindo a utilizar a IA em ciberataques há mais de uma década - principalmente para ataques de engenharia social - embora só nos últimos anos é que esta tendência começou realmente a decolar. A IA está agora a ser utilizada de forma mais ampla em todo o cenário do ciber-crime.

Com o cibercrime a tornar-se um negócio em expansão, as ferramentas necessárias para construir e utilizar a IA em ciberataques estão frequentemente disponíveis para compra na teia escura, permitindo que praticamente qualquer pessoa possa tirar partido desta tecnologia. Os sistemas de IA podem executar as tarefas repetitivas necessárias para aumentar rapidamente as ameaças IoT, para além de serem capazes de imitar o tráfego normal dos utilizadores e evitar a detecção.

5. Detecção e Visibilidade do Dispositivo IoT

Uma dificuldade em proteger redes com dispositivos IoT é que muitos desses dispositivos não são prontamente detectados pela segurança da rede. E se o sistema de segurança for incapaz de detectar um dispositivo, não será capaz de identificar facilmente as ameaças a esse dispositivo. A segurança da rede carece frequentemente de visibilidade para estes dispositivos e também para as suas ligações de rede. Assim, uma das peças chave na segurança de uma rede com a Internet sem fios é identificar prontamente novos dispositivos e monitorizá-los.

Gestão de Ameaças de Segurança da IdC

A segurança robusta da IdC requer soluções integradas que sejam capazes de fornecer visibilidade, segmentação e protecção contínua em toda a infra-estrutura da rede. As principais características de uma tal solução incluem o seguinte:

- **Visibilidade completa da rede**, o que permite autenticar e classificar dispositivos IoT, bem como construir e atribuir perfis de risco a grupos de dispositivos IoT.
- **Segmentação dos dispositivos IoT** em grupos orientados por políticas com base nos seus perfis

de risco.

- **Controlo, inspecção e aplicação de políticas** com base na actividade em diferentes pontos da infra-estrutura.

- **A capacidade de tomar medidas automáticas e imediatas** se quaisquer dispositivos de rede ficarem comprometidos.

Preocupações de privacidade do IOT:

- nternet of Things a privacidade é a consideração especial necessária para proteger a informação dos indivíduos contra a exposição no ambiente IdC, no qual quase qualquer entidade ou objecto físico ou lógico pode receber um identificador único e a capacidade de comunicar autonomamente através da Internet ou rede similar.

- Como pontos terminais (coisas) no ambiente da IdC transmitem dados de forma autónoma, também trabalham em conjunto com outros pontos terminais e comunicam com eles. A interoperabilidade das coisas é essencial para o funcionamento da IdC, para que, por exemplo, os elementos em rede de uma casa trabalhem em conjunto de forma harmoniosa.

- Os dados transmitidos por um determinado parâmetro podem não causar por si só quaisquer problemas de privacidade. No entanto, quando mesmo dados fragmentados de múltiplos parâmetros são recolhidos, coligidos e analisados, podem produzir informação sensível.

- A ideia de dispositivos de rede e outros objectos é relativamente nova, especialmente em termos de conectividade global e transferência autónoma de dados que são centrais para a Internet das Coisas. Como tal, a segurança não tem sido tradicionalmente considerada na concepção de produtos, o que pode tornar mesmo objectos domésticos quotidianos pontos de vulnerabilidade. Os investigadores da Context Information Security, por exemplo, encontraram uma vulnerabilidade numa lâmpada de luz com Wi-Fi que lhes permitiu solicitar as suas credenciais Wi-Fi e utilizar essas credenciais para obter acesso à rede.

papel do firmware?

- O Firmware assume **um papel intermediário entre o hardware e o software** - incluindo potenciais futuras actualizações do software. Algum firmware (como a BIOS num PC) faz o trabalho de arrancar um computador inicializando os componentes de hardware e carregando o sistema operativo.

O que é um exemplo de firmware?

- Exemplos de firmware incluem: **A BIOS encontrada em Computadores Pessoais compatíveis com IBM.** Código dentro de uma impressora (para além do driver da impressora que está no computador) Software que controla um desfibrilador cardíaco.

Segurança de redes de sensores sem fios

2.1 . Segurança de redes de sensores sem fios:

* Devido aos avanços significativos nas técnicas de comunicação sem fios e móveis e ao amplo desenvolvimento de potenciais aplicações,

* As redes de sensores sem fios (WSNs) têm atraído grande atenção nos últimos anos. No entanto, as RSSFs são formadas **dinamicamente** por um número de nós sensores de potência limitada e pelo nó gestor com potência de longa duração.

* As RSSFs são sistemas auto-organizados e autónomos constituídos por *sensores comuns, nós de gestão e centro de dados back-end.*

* *Os sensores comuns* são responsáveis pela transmissão dos dados dos sensores em tempo real de um ambiente de monitorização específico para os nós de recolha intermédios chamados *nó gestor.*

* Por fim, o centro de dados back-end receberá os dados detectados dos nós de gestão para fazer mais processos e análises.

* Sem dúvida, toda a comunicação entre nós é feita através das técnicas de transmissão sem fios.

* Além disso, devido à propriedade de auto-organização, sem apoio da infra-estrutura fixa e a topologia da rede de sensores sem fios muda dinamicamente, portanto, a radiodifusão é a forma geral de comunicação nas RSSFs.

* *A rede de sensores sem fios* tem sido amplamente utilizada em aplicações práticas, tais como monitorização de incêndios florestais, detecção de fins militares, áreas médicas ou científicas e mesmo na nossa vida doméstica.

* No entanto, as RSSFs são facilmente comprometidas pelos atacantes devido ao facto de as comunicações sem fios utilizarem um meio de transmissão de radiodifusão e à sua falta de resistência à manipulação.

* Portanto, um atacante pode escutar todo o tráfego, injectar pacotes maliciosos, reproduzir mensagens mais antigas, ou comprometer um nó sensor.

* Geralmente, os nós sensores estão mais preocupados com *duas grandes questões de segurança,* que são a privacidade ou a **preservação e a autenticação dos nós.**

* A privacidade significa que a confidencialidade dos dados é conseguida sob mecanismo de segurança, e por isso permite que as comunicações em rede entre os nós sensores e a estação de gestão prossigam em segurança.

* Além disso, um mecanismo de autenticação bem estruturado pode assegurar que nenhum nó não autorizado possa participar fraudulentamente e obter informações sensíveis das RSSFs.

* Como resultado, vários esquemas foram propostos para assegurar as comunicações nas RSSFs.

* Um dos desafios nas RSSFs é fornecer requisitos de alta segurança com recursos limitados. Os requisitos de segurança nas RSSFs são constituídos pela autenticação dos nós, confidencialidade dos dados, anti-compromisso e resiliência contra a análise do tráfego.

* Para identificar nós de confiança e não fiáveis do ponto de vista da segurança, os sensores de implementação devem passar um exame de autenticação do nó pelos seus correspondentes nós gestores ou cabeças de agrupamento e os nós não autorizados podem ser isolados das RSSFs durante o procedimento de autenticação do nó.

• Da mesma forma, todos os pacotes transmitidos entre um sensor e o nó gestor devem ser mantidos em segredo para que os espiões não possam interceptar, modificar e analisar, e descobrir informação valiosa nas RSSFs.

Rede de sensores sem fios:

Em comparação com as redes de comunicação tradicionais, algumas características e considerações para redes de sensores sem fios são discutidas e abordadas na concepção das RSSFs. Estes são brevemente revistos nesta secção.

2.2 .1 Características da rede de sensores sem fios:

1. **Arquitectura não-centralizada**: Nas RSSF, o estatuto de cada nó é idêntico e ninguém é responsável pela prestação de serviços normais. É a falta de uma administração central e cada nó pode entrar ou sair da rede a qualquer momento. Além disso, não afecta toda a rede de sensores se algum nó falhar e é fiável para aplicações com requisitos altamente estáveis.

2. **Auto-organizado:** Porque as RSSFs são caracterizadas como redes sem infra-estruturas e falta de infra-estruturas fixas. Assim, a rede de sensores é totalmente construída por eles próprios quando se começa a trabalhar com alguns protocolos de camadas pré-definidos e algoritmos distribuídos. Uma vez que as redes de sensores estejam completamente construídas, os dados dos sensores seriam recolhidos e enviados para o sistema back-end para processamento posterior através das redes que construíram.

3. **Encaminhamento de várias lojas:** Assume-se que o alcance dos sensores dos nós nas RSSFs é limitado, portanto, se um nó A quiser comunicar com o nó D, que está fora do alcance de comunicação do nó A. O nó B seria um nó intermédio e é responsável por transmitir os dados de comunicação entre si entre o nó A e o nó B. As multi-opções são ilustradas

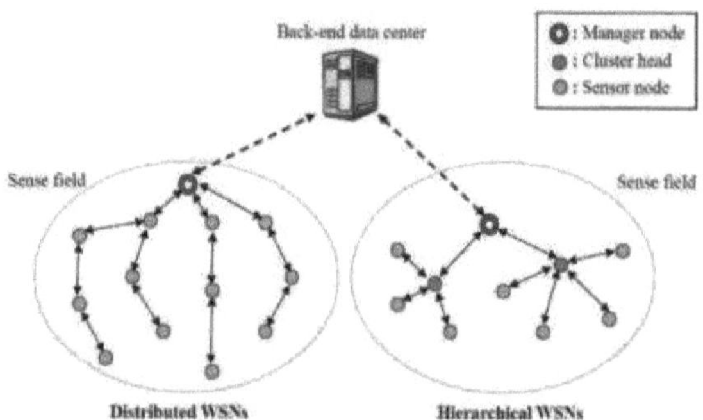

Fig: Organização de WSNs

2.0.2 Consideração das redes de sensores sem fios:

1. **Restrições de hardware:** Esta parte está relacionada com a propriedade física, tendo sido propostas muitas restrições nestas áreas. Por exemplo, energia limitada. Além disso, devido à influência do volume limitado do sensor, alguns sensores só podem fornecer armazenamento limitado, largura de banda limitada, energia limitada e capacidade de computação limitada.

2. **Comunicação:** Os esquemas de comunicação existentes mostram que existem três tipos principais de comunicação nas RSSFs; incluindo comunicação directa, baseada em agrupamentos, e

comunicação multi-lojas. Na comunicação directa, cada nó sensor transmite os seus dados de sensor a um nó gestor e o nó gestor é responsável pela recolha destes dados a um centro de dados back-end para processamento posterior. Na comunicação em clustering, todos os nós sensores são divididos em vários grupos e cada nó cabeça de cluster é responsável pela recolha de dados dentro do seu grupo. A comunicação em várias lojas é utilizada porque o alcance de comunicação de um sensor é suposto ser limitado e os nós sensores vizinhos podem ser utilizados para transmitir os pacotes de comunicação uns aos outros no seu caminho entre o nó de origem e o nó de destino.

3. **Escalabilidade:** Outra consideração é a escalabilidade das redes de sensores. Neste caso, as redes devem continuar a funcionar independentemente do número de nós de sensores que forem colocados.

4. **Tolerância a falhas:** Devido à influência do ambiente aplicado nos sensores, muitas excepções têm sido tratadas nas redes de sensores. Por exemplo, os sensores podem colidir, falhar energia ou desligar-se, etc. Tais problemas precisam de ser evitados pelas estratégias de tolerância a falhas para se continuar a trabalhar em rede.

5. **Tolerância a falhas:** Devido à influência do ambiente aplicado nos sensores, muitas excepções têm sido tratadas nas redes de sensores. Por exemplo, os sensores podem colidir, falhar energia ou desligar-se, etc. Tais problemas precisam de ser evitados pelas estratégias de tolerância a falhas para se continuar a trabalhar em rede.

6. **Economia de energia:** Quando os sensores são distribuídos para monitorizar alguns ambientes de interesse, estes sensores podem funcionar durante um longo período de várias semanas, mesmo durante meses. Portanto, como fornecer um mecanismo de poupança de energia para prolongar a sua vida útil é altamente importante. Em geral, há um consumo de energia demasiado grande durante a fase de transmissão da mensagem.

7. **Custo:** Dependendo da aplicação da rede de sensores, um grande número de sensores pode estar espalhado aleatoriamente por um ambiente, tal como a monitorização do tempo. Se o custo global for apropriado para redes de sensores e for mais aceitável e bem sucedido para os utilizadores que necessitem de cuidadosa consideração.

8. **Mobilidade:** Em WSNs agrupadas (hierárquicas), os nós sensores estão tipicamente organizados em muitos clusters, com os controladores de cluster a recolher dados dos nós sensores comuns no cluster gerido para o centro de dados back-end. Além disso, em comparação com as redes ad hoc móveis, quando os nós sensores são implantados aleatoriamente numa área designada, só raramente se deslocam de um aglomerado para outro, pelo que a mobilidade não é uma questão crítica nas RSSFs.

9. **Padrão de sono:** O padrão de sono é altamente necessário nas RSSFs para alargar a disponibilidade das redes. Por exemplo, o nó gestor pode definir novos tempos de "bootstrapping" para sensores vivos, enquanto outros nós sensores podem desligar-se para poupar energia. Diferentes nós de sensores são operados de acordo com os tempos de "bootstrapping" a que pertencem e a vida útil das RSSFs é portanto prolongada de uma forma diferenciada.

10. **Segurança:** Um dos desafios nas RSSFs é fornecer requisitos de alta segurança com recursos limitados. Os requisitos de segurança nas RSSFs são constituídos pela autenticação dos nós,

confidencialidade dos dados, anti-compromisso e resiliência contra a análise do tráfego. Para identificar nós de confiança e não fiáveis do ponto de vista da segurança, os sensores de implementação devem passar um exame de autenticação de nó pelos seus correspondentes nós gestores ou cabeças de agrupamento e os nós não autorizados podem ser isolados das RSSFs durante o procedimento de autenticação do nó. Da mesma forma, todos os pacotes transmitidos entre um sensor e o nó gestor devem ser mantidos em segredo para que os espiões não possam interceptar, modificar e analisar, e descobrir informação valiosa nas RSSFs.

2.0.3. Ameaças e requisitos de segurança em redes de sensores sem fios:

Para além das características e considerações acima mencionadas, as ameaças e requisitos de segurança são também críticos para uma variedade de aplicações de redes de sensores. Nos últimos anos, têm sido propostas várias questões de segurança nas RSSF. Nesta secção, iremos introduzir algumas ameaças e requisitos de segurança nas RSSFs.

Ataques passivos: Em ataques passivos (tais como ataques de espionagem), os espiões podem monitorizar de forma não intrusiva o canal de comunicação entre dois nós comunicantes para recolher e descobrir informações valiosas sem perturbar a comunicação.

Ataques activos: ataques activos (tais como ataques de replicação de nós, ataques de sybil, ataques de wormhole, e ataques de nós comprometidos) podem ser ainda classificados em duas categorias: ataques externos e ataques internos. Em ataques externos (tais como ataques de sybil e ataques de wormhole), um nó não pertence a uma rede de sensores e pode primeiro escutar os pacotes enviados ou recebidos pelos nós participantes normais com o objectivo eventual de temperar maliciosamente, interferir, adivinhar, ou fazer spam, e depois injectar pacotes inválidos para perturbar as funcionalidades da rede.

o **Para ataques sybil**, um nó sensor pode ilegitimamente reclamar múltiplas identificações, quer forjando directamente identificações falsas, quer fazendo-se passar por identificações legais. Este ataque prejudicial pode levar a sérias ameaças ao armazenamento distribuído, algoritmo de encaminhamento e agregação de dados.

o **Para ataques de wormhole**, o nó malicioso pode estar localizado dentro do alcance de transmissão dos nós legítimos enquanto os nós legítimos não estão eles próprios dentro do alcance de transmissão um do outro. Assim, o nó malicioso pode controlar o tráfego entre nós legítimos e ligações inexistentes que, de facto, são controladas pelo nó malicioso. Finalmente, o nó malicioso pode largar pacotes em túnel ou realizar ataques a protocolos de encaminhamento.

Ataques internos (tais como ataques de replicação de nó e ataques comprometidos de nó) são geralmente causados por membros comprometidos que pertencem à rede de sensores em questão, e por isso os ataques internos são mais difíceis de proteger do que os ataques externos.

o Para ataques de replicação de nós, quando um nó sensor é comprometido por atacantes, podem colocar directamente muitas réplicas deste nó comprometido em diferentes áreas dentro das redes. Assim, os atacantes podem utilizar estes nós comprometidos para subverter as funcionalidades da rede, por exemplo, injectando dados de falso sentido.

o Para ataques comprometidos, devido à falta de resistência à manipulação nos nós sensores, os atacantes podem comprometer um nó sensor e usá-lo para estabelecer canais de comunicação com sensores não comprometidos para lançar outros ataques mais sérios dentro da rede de sensores.

De acordo com a descrição acima referida das ameaças à segurança, podemos inferir que uma rede de sensores segura corresponde aos seguintes requisitos.

Autenticação do nó: Para este requisito, um nó sensor implantado prova a sua validade aos seus sensores vizinhos e ao nó de manjedoura. Assim, um estranho inválido seria incapaz de enviar dados maliciosos para as redes, e o nó gestor pode confirmar que os dados recebidos vieram de um nó sensor válido, não de estranhos maliciosos. Isto também implica que um nó sensor unido às RSSFs foi autenticado e tem o direito de aceder à rede de sensores.

Disponibilidade: A disponibilidade da rede não deve ser afectada mesmo que os sensores só possam fornecer armazenamento limitado, potência limitada, e capacidade computacional limitada. Por conseguinte, é necessário um mecanismo de regulação dos padrões de sono para que um sensor possa prolongar a sua vida útil.

Sensibilização para a localização: Os danos não podem ser espalhados da área vitimada para toda a rede por ataques de segurança, mesmo que o nó sensor esteja comprometido. Um esquema de comunicação seguro deve limitar o alcance do dano causado pelos intrusos; o mecanismo de consciência de localização é utilizado para este fim.

Estabelecimento da chave Para o estabelecimento da chave sensora-sensor, uma chave partilhada é estabelecida por dois nós de comunicação para proteger as comunicações. Assim, todos os dados detectados transmitidos entre os participantes poderiam ser verificados e protegidos mesmo que um atacante escutasse as comunicações entre nós ou injectasse dados detectados ilegais nas redes, este requisito ainda proporciona um nível de segurança adequado.

Sem tabela de verificação: As tabelas de verificação não têm de ser armazenadas dentro dos nós de gestão para evitar ataques de verificadores roubados.

Confidencialidade: O estabelecimento da chave do caminho em cada sessão deve estar seguro contra intrusos maliciosos, mesmo que esses atacantes recolham pacotes de transmissão.

Perfeito sigilo para a frente: Num estabelecimento de duas partes, diz-se que um esquema tem perfeito sigilo para a frente se a revelação da chave secreta a um intruso não o puder ajudar a obter as chaves de sessão das sessões passadas.

Revogação da chave: Quando o sistema back-end ou o nó gestor decide terminar uma tarefa de utilização de um sensor, ou quando um sensor se perde, o sensor não deve ser autorizado a fazer uso da credencial que armazena para se ligar a redes.

Re-keying: Ao introduzir um mecanismo de re-keying, um nó gestor pode convenientemente actualizar a credencial de um sensor sem a intervenção de um sistema back-end com o objectivo de reduzir as interacções de comunicação e a carga de gestão sobre esse sistema back-end.

2.1 Nó Sensor:

Nó sensor sem fios
- sensor

O - Um transdutor

■   um dispositivo que é accionado por energia de um sistema e fornece energia normalmente de outra forma a um segundo sistema um altifalante é um transdutor que transforma sinais eléctricos em energia sonora.

■   Os transdutores são frequentemente utilizados nos limites dos sistemas de automação, medição e controlo, onde os sinais eléctricos são convertidos de e para outras grandezas físicas (energia, força, binário, luz, movimento, posição, etc.).

O   - converte fenómeno físico, por exemplo, calor, luz, movimento, vibração, e som em sinais eléctricos.

- **nódulo sensor**

O   - unidade básica na rede de sensores

O   - contém sensores a bordo, processador, memória, transceptor, e fonte de alimentação.

- **rede de sensores**

O   - consiste de um grande número de nós sensores.

O   - nós implantados no interior ou muito perto do fenómeno detectado.

2.2 Arquitectura de Comunicação do Nó Sensor:

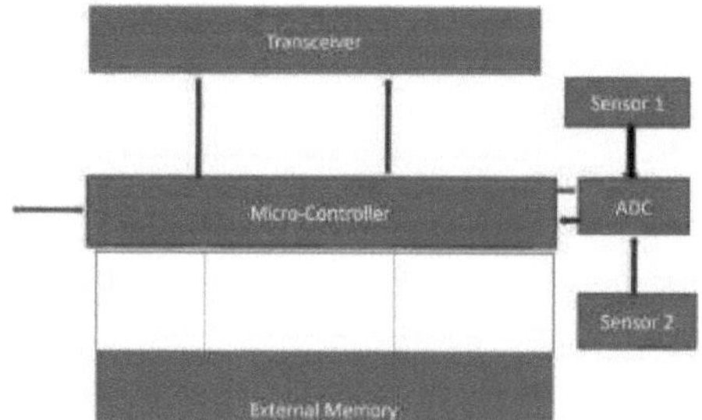

- **Agregação de dados nas RSSFs**
O   - Resolve a implosão e o problema da sobreposição
O   - Eficiência energética

- **Rede de sensores sem fios (WSN) vs. Rede Ad Hoc Móvel (MANET)**

	WSN	MANET
Similarity	Wireless	Multi-hop networking
Security	Symmetric Key Cryptography	Public Key Cryptography
Routing	Support specialized traffic pattern. Cannot afford to have too many node states and packet overhead	Support any node pairs. Some source routing and distance vector protocol incur heavy control traffic
Resource	Tighter resources (power, processor speed, bandwidth)	Not as tight.

- **Características**
O   Restrições de consumo de energia para os nós que utilizam baterias ou para a colheita de energia
O   Capacidade de lidar com falhas nos nós (resiliência)
O   Mobilidade dos nós
O   Heterogeneidade dos nós
O   Escalabilidade a grande escala de implantação
O   Capacidade de resistir a condições ambientais adversas

o   Facilidade de utilização
o   Desenho da camada transversal
- **Factores que influenciam o design da WSN**
o   Tolerância a falhas
o   Escalabilidade
o   Custos de produção
o   Restrições de Hardware
o   Topologia de rede de sensores
o   Ambiente
o   Meios de transmissão
o   Consumo de energia
- Sensoriamento
- Comunicação
- Processamento de dados

- Aplicações
o   Aplicações Militares
o   Aplicações Ambientais
o   Aplicações de saúde
o   Aplicações Domésticas e de Escritório
o   Aplicações Automotivas
o   Outras aplicações comerciais

- **Vantagens**

o   Evita muita cablagem
o   Pode acomodar novos dispositivos em qualquer altura
o   É flexível para passar por divisórias físicas
o   Pode ser acedido através de um monitor centralizado

- **Desvantagens**

o   Velocidade mais baixa em comparação com a rede com fios.
o   Menos seguro porque o portátil do hacker pode actuar como Ponto de Acesso. Se se ligar ao portátil deles, eles lerão toda a sua informação (nome de utilizador, palavra-passe... etc).
o   Mais complexo de configurar do que uma rede com fios.
o   Distrai-se com vários elementos como o dente azul.
o   Continua a ser dispendioso em geral.
o   Não facilita a detecção de quantidades em edifícios.
o   Não reduz os custos de instalação de sensores.
o   Não nos permite fazer mais do que pode ser feito com um sistema com fios.

- **Desafios do design**

o   **Heterogeneidade**

- Os dispositivos implantados podem ser de vários tipos e precisam de colaborar uns com os outros.

o   **Processamento distribuído**

o   Os algoritmos precisam de ser centralizados, uma vez que o processamento é efectuado em diferentes nós.

- **Comunicação de baixa largura de banda**

o - Os dados devem ser transferidos eficientemente entre sensores

- **Coordenação em grande escala**

o Os sensores precisam de se coordenar uns com os outros para produzir os resultados necessários.

- **Utilização de Sensores**

o Os sensores devem ser utilizados de forma a produzir o máximo desempenho e a utilizar menos energia.

- **Cálculo em tempo real**

o O cálculo deve ser feito rapidamente, uma vez que novos dados estão sempre a ser gerados.

- **Desafios operacionais das redes de sensores sem fios**

o Eficiência energética

o Armazenamento e cálculo limitados

o Baixa largura de banda e altas taxas de erro

o Os erros são comuns

o Comunicação sem fios

o Medidas ruidosas

o São esperadas falhas nos nós

o Escalabilidade a um grande número de nós de sensores

o Sobrevivência em ambientes agressivos

o As experiências são intensivas em termos de tempo e espaço

2.3 Protocolos importantes utilizados na Rede de Sensores Sem Fios IoT (WSN):

- Rede de sensores sem fios em IoT é uma rede sem fios sem infra-estruturas que é utilizada para a instalação de um grande número de sensores sem fios que monitorizam o sistema, as condições físicas e ambientais.

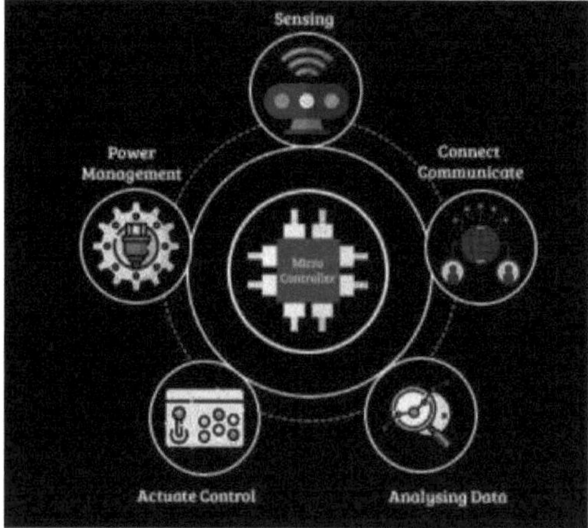

REDES QUE LIGAM SENSORES SEM FIOS:

Para ligar Sensores incorporados em dispositivos IoT, é utilizado um protocolo de comunicação. Uma rede de área ampla de baixa potência, LPWAN, é um tipo de rede sem fios concebida para permitir comunicações de longo alcance entre estes dispositivos IoT. A rede de sensores sem fios baseada em Lora é amplamente utilizada. Sub-1 GHz, Zigbee,Thread etc. são também utilizados para ligar redes de sensores e gateway e os dados recolhidos a partir desta rede de sensores podem ser enviados para a nuvem utilizando redes celulares tais como NBIoT, LTE-M ou wifi, etc.

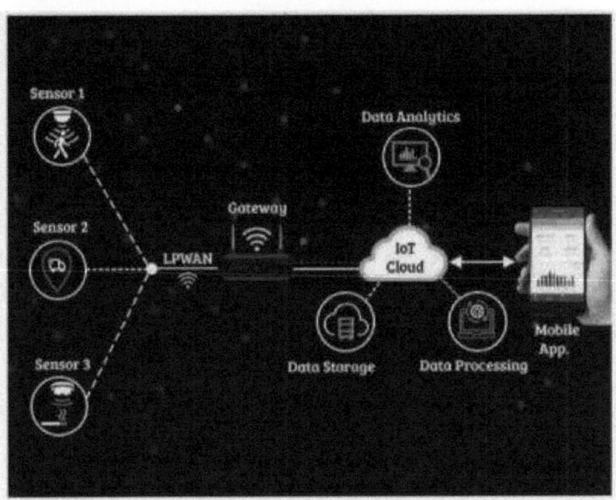

O QUE É LPWAN:

Uma rede de área ampla de baixa potência (LPWAN) é um tipo de rede de telecomunicações sem fios de área ampla, concebida para permitir comunicações de longo alcance a uma baixa taxa de bits entre coisas (objectos ligados), tais como sensores operados por uma bateria. Uma rede de área alargada sem fios utilizada principalmente para dispositivos de baixa potência é conhecida como rede de área alargada de baixa potência (LPWAN). Os dispositivos sensores comunicam na LPWAN em rede de sensores sem fios.

TECNOLOGIAS COMUMMENTE UTILIZADAS DE LPWAN:

- SUB-1 GHZ
- NBIOT
- ZIGBEE
- LORAWAN
- LTE CAT-M1 OU LTE-M

SIGFOX

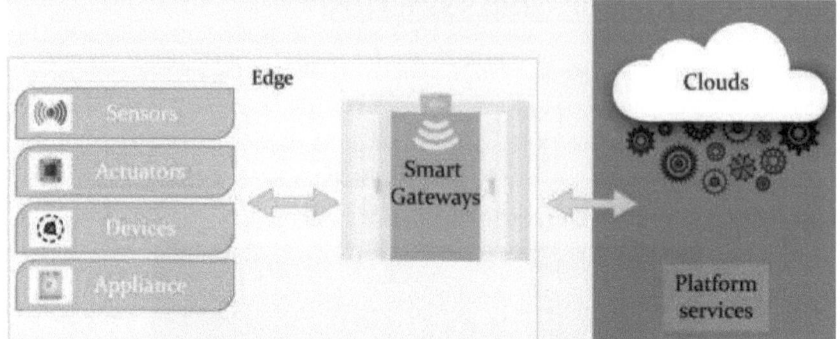

REDE DE SENSORES SEM FIOS (WSN) UTILIZANDO TECNOLOGIA LPWAN:

- Uma rede de sensores sem fios (WSN) é uma rede de dispositivos distribuídos e autónomos que utilizam sensores para seguir o que está a acontecer à volta.

- Os nós sensores utilizados nos sistemas WSN são integrados com os controladores de bordo.

- O circuito completo gere a operação e monitoriza-a principalmente. Tudo está ligado à estação base conhecida como Gateway, onde é feito o processamento de dados de ponta recolhidos de sensores distribuídos.

- Todos os dispositivos de sensores distribuídos na WSN estão maioritariamente ligados através de uma tecnologia LPWAN e comunicam com a porta de ligação".

COMO É QUE OS DISPOSITIVOS SENSORES COMUNICAM EM LPWAN?

- Um nó sensor sem fios está equipado com dispositivos de detecção e computação, transceptores de rádio, e componentes de potência.

- Os nós individuais de uma rede de sensores sem fios (WSN) são intrinsecamente limitados em termos de recursos: têm velocidade de processamento, capacidade de armazenamento e largura de banda de comunicação limitada.

- Os nós sensores comunicam entre si utilizando sinais de rádio.

- Após os nós sensores serem implantados, são responsáveis pela auto-organização de uma infra-estrutura de rede apropriada, muitas vezes com comunicação multi-funções com eles.

- Depois os sensores de bordo começam a recolher informações de interesse.

- Os dispositivos sensores sem fios também respondem a consultas enviadas de um local de controlo ou do portal, para executar instruções específicas ou fornecer sensoriamento.

O QUE É UMA UNIDADE DE GATEWAY EM LPWAN? COMO É QUE OS DISPOSITIVOS SENSORES COMUNICAM COM A GATEWAY EM LPWAN?

- O Portal funciona como uma ponte entre a WSN ou outras redes e a nuvem.

- Isto permite o armazenamento e processamento de dados por dispositivos com mais recursos, num servidor localizado remotamente que é conhecido como uma unidade de gateway.

- O Edge Computing e o Cloud Computing têm ambos um papel importante nas Aplicações de LIBE.

- Gateway ou Edge Gateway é um dispositivo que permite a gestão (controlo) da rede e agrega as informações recebidas dos nós para enviar dados em tempo real ou quase em tempo real para uma plataforma de utilizadores.

• Quando o portal está ligado a um portátil local, o utilizador pode controlar e monitorizar localmente a WSN. Adicionar um modem celular (funciona em LTE, NBIoT, LTE-catM1, etc.) ou um modem Internet (funciona em wifi) ao gateway garante a gestão remota e envia dados para a nuvem.

• O portal é importante porque coordena o aspecto de comunicação da RSSF, bem como o seu protocolo adormecido.

• Num dado momento, o portal acorda os nós, os dados são trocados, e depois os nós voltam a adormecer.

• O sono é necessário para as RSSFs pouparem energia.

• Um nó sensor geralmente gasta 90% do seu tempo a dormir.

• As gateways IoT gerem a conectividade de dispositivos, filtragem de dados, processamento, tradução de protocolos, segurança, etc.

• Algumas das gateways mais recentes funcionam também como plataformas para código de aplicação através do processamento de dados.

COMUNICAÇÃO DOS DADOS RECOLHIDOS DOS SENSORES PARA A NUVEM EM LPWAN

• Os dispositivos de Gateway IoT situam-se na intersecção da nuvem e dos nós de dispositivos IoT ou dispositivos sensores de ligação através de LPWAN.

• Os dados recolhidos das redes de sensores sem fios ou dos outros dispositivos IoT serão transmitidos através de gateways para a nuvem.

• Os dados recebidos são então armazenados na nuvem e de lá são fornecidos como um serviço aos utilizadores.

• Cloud IoT Core é um serviço totalmente gerido pelo Google que permite ligar, gerir e ingerir dados de milhões de dispositivos globalmente dispersos de forma fácil e segura.

• O Cloud IoT Core suporta dois protocolos para ligação e comunicação de dispositivos: MQTT e HTTP.

• Os dispositivos comunicam com o Cloud IoT Core através de uma "ponte" - seja a ponte MQTT ou a ponte HTTP. A ponte MQTT/HTTP é um componente central do Cloud IoT Core.

• Quando se cria um registo de dispositivo, seleccionam-se protocolos para activar: MQTT, HTTP, ou ambos.

o **MQTT** é um protocolo padrão de publicação/assinatura que é frequentemente utilizado e suportado por dispositivos incorporados, e é também comum nas interacções máquina-a-máquina.

o **HTTP** é um protocolo "sem ligação": com a ponte HTTP, os dispositivos não mantêm uma ligação ao Cloud IoT Core. Em vez disso, eles enviam pedidos e recebem respostas. O Cloud IoT Core suporta HTTP.

OU PAINEL DE BORDO:

* Os dados gerados a partir de dispositivos IoT são analisados em relação ao tempo.

* Os dados de marcação temporal são processados e estes dados são empurrados para o armazenamento em nuvem dos dispositivos IoT, formando uma base de dados.

* O Painel IoT lê os dados da base de dados e cria visuais de dados para o utilizador.

* Diz-se que o Painel IoT só é útil se puder carregar dados de forma eficiente e criar imagens a partir da base de dados.

* Algumas aplicações web IoT proporcionam aos utilizadores uma experiência optimizada ao acoplar os dados (que são recolhidos através de dispositivos inteligentes distribuídos remotamente) à sua própria base de dados.

REDE DE SENSORES SEM FIOS BASEADA EM LORA EM IOT:

A rede de sensores sem fios LoRa é uma combinação de dois termos, LoRa (Long Range) e redes de sensores sem fios. Agora, antes de sabermos mais sobre isto, vamos primeiro compreender o que estes dois termos significam realmente.

REDE DE SENSORES SEM FIOS:

* Rede de sensores sem fios é definida como uma rede sem fios auto-configurada e sem infra-estruturas que é utilizada para monitorizar condições físicas e ambientais como temperatura, som, vibração, pressão, movimento, poluentes, etc.

* Os dados recolhidos dos sensores sem fios são passados para a porta de entrada através da rede onde são observados e analisados. E estes dados são ainda enviados para a nuvem.

LONG RANGE :

* Long Range (LoRa) é uma tecnologia sem fios capaz de oferecer longo alcance, baixa potência e uma transmissão de dados segura para dispositivos IoT.

* Foi desenvolvido por uma empresa francesa chamada Cycleo. LoRa é utilizado para ligar sensores, gateways, máquinas, dispositivos, etc., sem fios à nuvem.

* É uma modulação de espectro baseada no chirp que tem características de baixa potência e pode ser utilizada para comunicação a longa distância. LoRa tem diferentes bandas de operação para diferentes regiões. Elas são...

■ Banda de 915 MHz para os EUA

■ Faixa de 868 MHz para a Europa

■ 865 a 867 MHz e banda de 920 a 923 MHz para a Ásia

- Algumas características chave de LoRa-
■ Longa Distância
■ Baixa potência
■ Seguro
■ Baixo Custo
■ Alta Capacidade

PORQUÊ UTILIZAR UMA REDE DE SENSORES SEM FIOS À BASE DE LORA?

• A rede de sensores sem fios é muito popular e tem uma utilização generalizada no campo da IOT.

• Mas existem principalmente dois desafios enfrentados pela WSN, o consumo de energia e a área de cobertura. Recentemente estão a ser feitos avanços para melhorar o desempenho da RSSF e foi isso que deu origem à rede de sensores sem fios LoRa que utiliza pouca energia e tem um longo alcance de cobertura.

• Estas características da rede de sensores sem fios LoRa tornam-na ideal para aplicações em que a infra-estrutura de rede tem de funcionar de forma autónoma durante mais tempo e sobre uma vasta gama de áreas.

• Hoje em dia, as redes de sensores alimentadas por LoRa podem ser encontradas nas principais aplicações do IoT como casas inteligentes, agricultura inteligente, etc. Vejamos algumas destas aplicações em detalhe.

ALGUMAS APLICAÇÕES DA REDE DE SENSORES SEM FIOS À BASE DE LORA
CASA INTELIGENTE UTILIZANDO LORAWAN:

A rede de sensores sem fios LoRa tem por objectivo monitorizar diferentes dispositivos e sensores e actualizar o utilizador em tempo real. O foco principal é a monitorização de fumo, humidade, temperatura e outros parâmetros ambientais. Este sistema permite a monitorização à distância e levanta um alarme se o valor de qualquer sensor ultrapassar o limiar. O módulo LoRaWAN (Long Range Wide Area Network) liga sensores a microcontroladores que podem ser ligados através da Internet para uma melhor comunicação.

LORA BASEADA NA AGRICULTURA INTELIGENTE:

Muitos sensores estão actualmente a ser utilizados para a recolha de vários tipos de dados agrícolas. Mas estes sensores só podem realizar a recolha de dados, faltam-lhes a utilização eficaz e a análise destes dados. Para resolver este problema, tem de ser desenvolvida uma plataforma inteligente. Esta plataforma pode ser utilizada para recolher informação do campo e transmiti-la para computadores remotos para ser analisada. A tecnologia LoRa é muito adequada para isto, uma vez que pode transmitir dados a longa distância, é operada a pilhas e pode ser utilizada durante vários anos sem mudar as pilhas, o que é muito adequado para o exterior, como os campos.

2.4 Aspectos de segurança dos protocolos existentes:

Quais são os protocolos de segurança utilizados na IdC?

• Combina protocolos tais como MQTT, TCP, 6LoWPAN, e IEEE 802.15. 4, para trabalhar na aplicação, transporte, rede, ligação de dados, e a camada física respectivamente. Como o protocolo é uma combinação de protocolos em cada camada que é protegida individualmente, proporciona uma segurança robusta em todo o processo.

A CAMADA DE REDE:

Nodos condicionados

• Nas soluções de IdC, coexistem diferentes classes de dispositivos.

• Dependendo das suas funções numa rede, a arquitectura "coisa" pode ou não oferecer características semelhantes em comparação com um PC ou servidor genérico num ambiente informático.

• Outro limite é que esta pilha de protocolos de rede num nó IoT pode ser necessária para comunicar através de um caminho não fiável.

• Mesmo que uma pilha IP completa esteja disponível no nó, isto causa problemas tais como produção limitada ou imprevisível e baixa convergência quando ocorre uma mudança de topologia.

• Finalmente, o consumo de energia é uma característica chave dos nós condicionados.

• Muitos dispositivos IoT são alimentados por bateria, com requisitos de bateria vitalícia que variam de alguns meses a 10+ anos.

• Isto conduz à selecção de tecnologias de rede, uma vez que as de alta velocidade, tais como Ethernet, Wi-Fi, e celulares, não são (ainda) capazes de uma vida útil de bateria de vários anos.

• As capacidades actuais permitem praticamente menos de um ano para estas tecnologias em nós alimentados por bateria. Evidentemente, o consumo de energia é muito menos preocupante nos nós que não necessitam de baterias como fonte de energia.

• Os requisitos de consumo de energia nos nós alimentados por bateria têm impacto nos intervalos de comunicação.

• Para ajudar a prolongar a duração da bateria, poder-se-ia activar um modo "baixo consumo" em vez de um modo "sempre ligado". Outra opção é "sempre desligado", o que significa que as comunicações só são activadas quando necessário para enviar dados.

• Embora tenha sido amplamente demonstrado que as pilhas de PI de produção têm um bom desempenho em nós restritos. Os nós restritos de IoT podem ser classificados da seguinte forma:

o Os dispositivos que são muito limitados em recursos, podem comunicar com pouca frequência para transmitir alguns bytes, e podem ter capacidades limitadas de segurança e gestão: Isto conduz à necessidade do modelo de adaptação IP, onde os nós comunicam através de gateways e proxies.

o Dispositivos com potência e capacidades suficientes para implementar uma pilha IP descascada ou uma pilha não IP: Neste caso, pode implementar uma pilha IP optimizada e comunicar directamente com servidores de aplicação (modelo de adopção) ou ir para uma pilha IP ou não IP e comunicar através de gateways e proxies (modelo de adaptação).

o Dispositivos que são semelhantes aos PCs genéricos em termos de recursos informáticos e de potência, mas que restringem as capacidades de rede, tais como largura de banda: Estes nós implementam geralmente uma pilha IP completa (modelo de adopção), mas a concepção da rede e os comportamentos de aplicação devem lidar com as restrições de largura de banda.

A definição de nós condicionados está a evoluir. Os custos de potência de computação, memória, recursos de armazenamento e consumo de energia estão geralmente a diminuir. Ao mesmo tempo, as tecnologias de rede continuam a melhorar e a oferecer mais largura de banda e fiabilidade. No futuro, o impulso para optimizar o IP para nós restritos diminuirá à medida que as melhorias tecnológicas e as reduções de custos abordarem muitos destes desafios.

<u>Redes de Restrição:</u>

- Nos primeiros anos da Internet, a capacidade de largura de banda da rede foi restringida devido a limitações técnicas.

- As ligações dependiam frequentemente de modems de baixa velocidade para a transferência de dados. No entanto, estas ligações de baixa velocidade demonstraram que o IP podia correr sobre redes de baixa largura de banda.

- Mas hoje em dia, a evolução das redes assistiu ao surgimento de infra-estruturas de alta velocidade.

- No entanto, as ligações de alta velocidade não são utilizáveis por alguns dispositivos IoT na última milha.

- As razões incluem a implementação de tecnologias com baixa largura de banda, distância limitada e largura de banda devido à potência de transmissão regulada, e a falta ou limitação de serviços de rede.

- Quando as características da camada de ligação que tomamos como garantidas não estão presentes, a rede fica limitada.

- *Uma rede restrita pode ter uma latência elevada e um elevado potencial de perda de pacotes.* As redes restritas têm características e requisitos únicos.

- Em contraste com as típicas redes IP, onde estão disponíveis ligações altamente estáveis e rápidas, as redes limitadas são limitadas por ligações de baixa potência e baixa largura de banda (sem fios e com fios). Operam entre alguns kbps e algumas centenas de kbps e podem utilizar uma estrela, malha, ou topologias de rede combinadas, assegurando operações adequadas.

- Com uma rede restrita, para além da largura de banda limitada, não é raro que a taxa de entrega de pacotes (PDR) oscile entre percentagens baixas e altas.

- Podem ocorrer por vezes grandes explosões de erros imprevisíveis e mesmo perda de conectividade.

- Estes comportamentos podem ser observados tanto em ligações de comunicação sem fios como de banda estreita, onde a variação da entrega de pacotes pode flutuar muito no decurso de um dia.

- Os ambientes instáveis da camada de ligação criam outros desafios em termos de latência e de reactividade do plano de controlo.

- Uma das regras de ouro numa rede constrangida é "subreagir ao fracasso". Devido à baixa largura de banda, uma rede constrangida que exagera pode levar a um colapso da rede - o que agrava o problema existente.

• O tráfego de aviões de controlo também deve ser mantido a um nível mínimo; caso contrário, consome a largura de banda necessária para o tráfego de dados.

• Finalmente, há que considerar o consumo de energia nos nós alimentados por bateria. Qualquer falha ou protocolo de plano de controlo verboso pode reduzir o tempo de vida útil das baterias.

• Resumindo, nós e redes constrangidas colocam grandes desafios para a conectividade em IOT na última milha. Isto, por sua vez, tem levado várias organizações de normalização a trabalhar na optimização de protocolos para a Internet em linha de assinante.

Versões IP

Há mais de 20 anos, a IETF tem vindo a trabalhar na transição da Internet da versão 4 do IP para a versão 6 do IP. A principal força motriz tem sido a falta de espaço de endereçamento no IPv4, à medida que a Internet tem crescido. O IPv6 tem uma gama muito maior de endereços que não deve ser esgotada num futuro previsível. Hoje em dia, ambas as versões do IP correm sobre a Internet, mas a maior parte do tráfego ainda é baseado no IPv4.

Embora possa parecer natural basear todos os desdobramentos da IdC no IPv6, deve ter em conta as infra-estruturas actuais e o seu ciclo de vida associado de soluções, protocolos, e produtos. O IPv4 está entrincheirado nestas infra-estruturas actuais, pelo que na maioria dos casos é necessário apoio para o mesmo. Portanto, a Internet das Coisas tem de seguir um caminho semelhante ao da própria Internet e suportar simultaneamente tanto as versões IPv4 como IPv6.

Técnicas como a escavação de túneis e a tradução precisam de ser empregadas em soluções de IOT para assegurar a interoperabilidade entre IPv4 e IPv6. Vários factores ditam se o IPv4, IPv6, ou ambos podem ser utilizados numa solução de Internet em linha (IoT). Na maioria das vezes, estes factores incluem um protocolo ou tecnologia herdada que suporta apenas o IPv4. Tecnologias e protocolos mais recentes suportam quase sempre ambas as versões IP. Seguem-se alguns dos principais factores aplicáveis ao suporte de IPv4 e IPv6 numa solução IoT:

• **Protocolo de Aplicação:**

Os dispositivos IoT que implementam interfaces Ethernet ou Wi-Fi podem comunicar tanto sobre IPv4 como sobre IPv6, mas o protocolo de aplicação pode ditar a escolha da versão IP. Por exemplo, os protocolos SCADA tais como DNP3/IP (IEEE 1815), Modbus TCP, ou as normas IEC 60870-5-104 são especificados apenas para IPv4. Assim, não existem actualmente implementações de produção conhecidas pelos fornecedores destes protocolos sobre IPv6. Para dispositivos IoT com protocolos de aplicação definidos pela IETF, tais como HTTP/HTTPS, CoAP, MQTT, e XMPP, ambas as versões IP são suportadas. A selecção da versão IP depende apenas da implementação.

• **Fornecedor e Tecnologia Celular:**

Os dispositivos IoT com modems celulares estão dependentes da geração da tecnologia celular, bem como dos serviços de dados oferecidos pelo fornecedor. Para as três primeiras gerações de serviços de dados-GPRS, Edge, e 3G- IPv4 é a versão de protocolo de base. Consequentemente, se o IPv6 for utilizado com estas gerações, deve ser sintonizado sobre o IPv4. Em redes 4G/LTE, os serviços de dados podem utilizar IPv4 ou IPv6 como protocolo de base, dependendo do fornecedor.

- **Comunicações em Série:**

Muitos dispositivos herdados em certas indústrias, tais como o fabrico e os serviços públicos, comunicam através de linhas em série. Os dados são transferidos utilizando protocolos proprietários ou baseados em normas, tais como DNP3, Modbus, ou IEC 60870-5-101. No passado, a comunicação destes dados em série através de qualquer tipo de distância podia ser tratada através de uma ligação de modem analógico. No entanto, como o suporte do fornecedor de serviços de linha analógica diminuiu, a solução para a comunicação com estes dispositivos herdados foi a utilização de ligações locais. Para que isto funcione, liga-se a porta série do dispositivo antigo a uma porta série próxima num equipamento de comunicações, normalmente um router. Este router local encaminha então o tráfego de série sobre IP para o servidor central para processamento. O encapsulamento de protocolos seriais sobre IP alavanca mecanismos tais como TCP ou UDP de tomada bruta. Enquanto as sessões de socket em bruto podem correr tanto sobre IPv4 como sobre IPv6, as implementações actuais estão na sua maioria disponíveis apenas para IPv4.

- **Camada de Adaptação IPv6:**

As camadas de adaptação apenas para IPv6- para algumas camadas de ligação física e de dados para protocolos recentemente padronizados de IoT suportam apenas IPv6. Enquanto as camadas de ligação física e de dados mais comuns (Ethernet, Wi-Fi, etc.) estipulam camadas de adaptação para ambas as versões, tecnologias mais recentes, tais como IEEE 802.15.4 (Wireless Personal Area Network), IEEE 1901.2, e ITU G.9903 (Narrowband Power Line Communications) apenas têm uma camada de adaptação IPv6 especificada. Isto significa que qualquer dispositivo que implemente uma tecnologia que exija uma camada de adaptação IPv6 deve comunicar através de uma subrede apenas IPv6. Isto é reforçado pelo protocolo de encaminhamento IETF para LLNs, RPL, que é apenas IPv6.

6LoWPAN

Embora o Protocolo Internet seja fundamental para uma Internet das Coisas bem sucedida, os nós constrangidos e as redes constrangidas exigem uma optimização em várias camadas e em múltiplos protocolos da arquitectura IP. Algumas optimizações já estão disponíveis no mercado ou em desenvolvimento pela IETF.

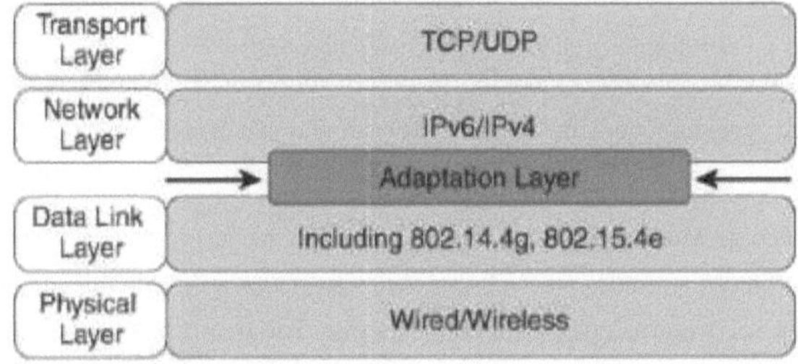

- Na arquitectura IP, o transporte de pacotes IP sobre um determinado protocolo de Camada 1 (PHY) e Camada 2 (MAC) deve ser definido e documentado.
- O modelo de embalagem IP em protocolos de camada inferior é frequentemente referido como

uma camada de adaptação.

• A menos que a tecnologia seja proprietária, as camadas de adaptação IP são tipicamente definidas por um grupo de trabalho da IETF e divulgadas como um Request for Comments (RFC).

• Um RFC é uma publicação da IETF que documenta oficialmente normas, especificações, protocolos, procedimentos e eventos da Internet. Por exemplo, RFC 864 descreve como um pacote IPv4 é encapsulado sobre um quadro Ethernet, e RFC 2464 descreve como a mesma função é executada para um pacote IPv6.

• Os protocolos relacionados com a IOT seguem um processo semelhante. A principal diferença é que uma camada de adaptação concebida para a IdC pode incluir algumas optimizações para lidar com nós e redes restritas.

• Os principais exemplos de camadas de adaptação optimizadas para nós restritos ou "coisas" são os do grupo de trabalho 6LoWPAN e o seu sucessor, o grupo de trabalho 6Lo.

• O foco inicial do grupo de trabalho 6LoWPAN era optimizar a transmissão de pacotes IPv6 através de redes restritas, tais como IEEE 802.15.4.

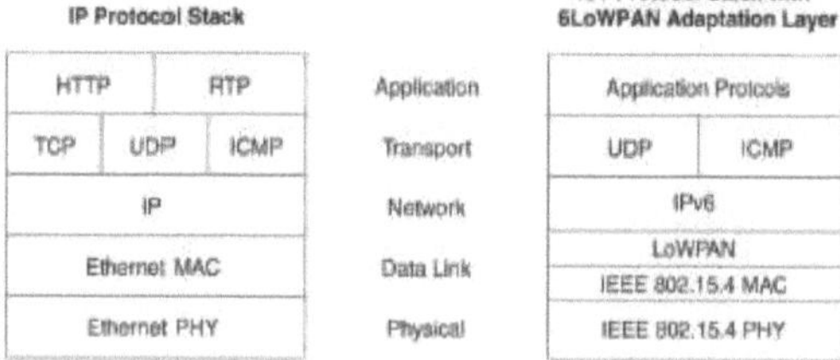

Comparação de uma pilha de Protocolo de IoT utilizando 6LoWPAN e uma pilha de Protocolo IP

2.5 Ataques ao encaminhamento de redes de sensores e contramedidas:

• As redes de sensores sem fios têm o principal factor que torna a rede vulnerável é a sua natureza de transmissão.

• As RSSFs são susceptíveis a uma vasta gama de ataques de segurança devido à natureza das comunicações sem fios. Devido à natureza difundida da comunicação, existe sempre a ameaça de ataques.

• Além disso, como os nós sensores são frequentemente colocados em ambiente aberto, existe uma ameaça adicional de ataques físicos ou naturais, porque não são fisicamente protegidos. Ataques na WSN...

O **Ataque de buraco de afundamento:** O ataque Sinkhole é basicamente o ataque em que os oponentes tentam atrair todo o tráfego da rede em particular. Ocorre quando um nó comprometido cria um centro de atracção para outros nós e atrai todo o tráfego. Isto ocorre apenas com a ajuda de um nó comprometido.

O **Encaminhamento selectivo:** No reencaminhamento selectivo, o reencaminhamento selectivo ataca o nó comprometido apenas os pacotes de dados seleccionados, não todos para o receptor.

O **Ataque de Wormhole:** Em wormhole attack o atacante regista pacotes de dados num local e depois armazena esses pacotes de dados noutro local a fim de os retransmitir mais tarde na rede.

o **Olá ataque de inundação**: Em hello flood attack um atacante envia um pacote de hello para os nós receptores, o que é uma tentativa de enganar os nós sensores que esta mensagem de hello é enviada pela estação base. Este pacote de olá funciona como uma arma para convencer os outros nós sensores

o **Ataque da Sybil**: No ataque da Sybil um nó em si apresenta-se em muitos duplicados de identidades. Este ataque visa basicamente esquemas tolerantes a falhas, tais como roteamento multi-percurso e manutenção de topologia e armazenamento distribuído.

o **Corrupção da mensagem**: Neste ataque, o atacante faz modificações na mensagem durante a transmissão, o que perturba a integridade da rede.

o **Ataque de Negação de Serviço**: O ataque de negação de serviço (DoS) é um esforço claro para impedir o utilizador genuíno de um serviço ou dados. A técnica comum de ataque envolve a sobrecarga do sistema alvo com pedidos, de modo a que este não possa servir o tráfego genuíno. Este ataque impede a prestação de serviços a utilizadores genuínos. Os exemplos de ataque são: Encravamento, afunilamento, colisão, colisão, colocação de casas, inundação, etc.

o **Defeito de funcionamento do nó**: Se um nó de agregação de dados, tal como um líder de cluster, for um nó de mau funcionamento, então produzirá os dados imprecisos que podem prejudicar a integridade da rede de sensores.

o **Outage do Nó**: A situação em que um nó deixa de funcionar é conhecida como interrupção do nodo. Pode ser muito prejudicial se o nó vítima for o nó mestre na rede.

o Nó Subversão: Se o nó for capturado por um atacante, existe então a ameaça de revelação de alguns dados secretos como chaves criptográficas e, portanto, comprometem toda a rede de sensores. Qualquer nó sensor pode ser pirateado, e a informação secreta (chave) acumulada sobre ele pode ser adquirida pelo atacante.

o **Falso nó**: Quando um atacante adiciona um nó extra em qualquer rede a fim de injectar dados maliciosos, entra na categoria de falso nó. Com a ajuda deste falso nó, um intruso pode adicionar alguns dados falsos que podem perturbar a comunicação. O código malicioso injectado na rede com a ajuda de um falso nó pode propagar-se a todos os nós, o que pode prejudicar toda a rede.

o **Ataque de atraso de pulso**: Pode surgir o problema quando qualquer intruso ou bisbilhoteiro bisbilhotar a transmissão da mensagem entre dois nós, pode armazenar os pulsos da mensagem e depois retransmitir a mensagem após algumas modificações. Este problema é conhecido como ataque de pulso retardado.

o **Ataque de Replicação de Nó**: Em ataque de replicação de nó como nome implica que uma cópia replicada de um nó é adicionada à rede. Um atacante adiciona um nó replicado numa rede de sensores, copiando a identificação do nó e outros detalhes relacionados com a sua identidade. Este nó malicioso pode ser perigoso para a rede de sensores, porque ao inserir este atacante de nó pode manipular um segmento de rede específico ou mesmo destruir a rede.

o **Análise de tráfego:** Se a mensagem que é transferida for encriptada, então também existe o risco de danos maliciosos. Este dano pode ser possível quando o intruso estuda continuamente o padrão de comunicação. Este estudo pode dar informação suficiente para que o intruso prejudique a rede.

o **Camuflagem dos Adversários**: Qualquer atacante pode inserir um nó malicioso na rede ou pode comprometer um nó a fim de atrair os pacotes de dados da rede e depois estes pacotes podem ser mal encaminhados ou podem ser alterados.

o **Vigilância e Escutas**: Este é o ataque à protecção mais amplamente reconhecido. Bisbilhotar é o processo pelo qual, o adversário pode facilmente obter o conteúdo da mensagem. Por vezes, quando os nós comunicam informações sobre os controlos, a escuta é muito prejudicial.

Contra-medidas:

OS! Ameaças e contramedidas mais sábias em camadas
Algumas das ameaças e contramedidas conhecidas classificam-se em diferentes camadas de OS!
Camada Física: Na Tabela 1, descrevemos Ameaças Físicas por Camada e Contramedidas em caso de WSN

Quadro 1 Ameaças Físicas por Camadas e Contra-medidas

Ameaça	('sobre ntermeasure
Interferência	Salto de canal e Blacklisting
Jamming	Salto de canal e Blacklisting
Sybil	Protecção física dos dispositivos
Intervenção abusiva	Protecção e mudança de chave

Camada de ligação de dados: Na Tabela 2, descrevemos a Camada de Data-Link Threats & Countermeasures no caso de WSN.

Quadro 2 Ameaças e contramedidas da Lavanda Data-link

Ameaça	Contra-medida
Colisão	CRC e a diversidade temporal
Exaustão	Protecção da identificação da rede e outras informações necessárias para aderir ao dispositivo
Spoofing	Utilize um caminho diferente para reenviar a mensagem
Sybil	Mudança regular de chave
Espionagem	A chave protege o DLPDU de espiões
Des-sincronização	Utilização de diferentes vizinhos para sincronização de tempo
Análise de tráfego	Envio de pacotes fictícios em bastante horas; e monitorização regular da rede WSN

Quadro 3 Ameaças e contramedidas de laver em rede

Ameaça	Contra-medida
Wormhole	Monitorização física dos dispositivos de campo e monitorização regular da rede utilizando o Source Routing. O sistema de monitorização pode utilizar
Encaminhamento selectivo	Monitorização regular da rede utilizando o Source Routing
DoS	Protecção de dados específicos da rede como ID da rede, etc. Protecção física e inspecção da rede.
Sybil	Reinicialização dos dispositivos e mudança das chaves de sessão.
Análise de tráfego	Envio de pacotes fictícios em bastante horas; e monitorização regular da rede WSN.
Olá inundação	Autenticação de duas vias, aperto de mão de três vias.

2.6 . Requisitos de confiança para protocolos de segurança para as RSSFs :

SPINS: Protocolo de Segurança SPINS para Redes de Sensores:
- Estudar em detalhe o protocolo de segurança para redes de sensores. Analisaremos os seguintes tópicos enquanto estudamos o protocolo de segurança para redes de sensores, técnicas propostas, aplicação, trabalho relacionado, discussão.

• Actualmente a rede de sensores está a ser amplamente utilizada em muitas aplicações, tais como monitorização do tráfego em tempo real, aplicações militares, sistemas de emergência e sistemas críticos.

• Vejamos como a segurança da rede de sensores é mantida.

■ a.) Autenticação de dados

- b.) DataConfidentiality
- c.) Integridade dos dados
- d.) Frescura dos dados

- Existem alguns desafios enfrentados no protocolo de segurança para redes de sensores. O que é enfrentado em limitações de recursos. Os recursos são limitados em termos de energia, computação, memória, tamanho do código, comunicação, comunicação que consome energia. Agora vamos compreender como a SPINS contribui para a construção de protocolos.

- **a.) SNEP**

- SNEP é o protocolo de rede de sensores e fornece protocolo de encriptação de rede de sensores e comunicação ponto a ponto segura. O SNEP tem alguns factores importantes confidencialidade de dados, autenticação de dados, protecção de repetição, protecção fraca, frescura fraca, baixa sobrecarga de comunicação.

- **b.) gTESLA**

- pTESLA é um fluxo micro temporizado eficiente de Autenticação tolerante à perda. Fornece autenticação de difusão. Os problemas com o pTESLA são assinaturas digitais para autenticação inicial de pacotes, limitação da sobrecarga 24bytes por pacote, a passagem de um cadeia de chaves unidireccional é demasiado grande a chave é passada da estação base para todos os nós através da rede. Vamos agora estudar os factores essenciais para o sistema.

a.) Padrão de Comunicação

- A comunicação nas redes de sensores tem lugar de nó para estação base, de estação base para nó, estação base para todos os nós.

b.) Estação Base

- Uma estação base é um componente ou factor que tem memória e potência suficientes, e partilha a chave secreta com cada nó enquanto comunica.

c.) Nó

- O nó de uma rede é uma componente que tem recursos limitados e confiança limitada.

- <u>Os inconvenientes</u> acima referidos estão no pTESLA, havendo necessidade da chave inicial para cada nó, o que provavelmente levará a uma comunicação intensiva. As rotações utilizam o encaminhamento da fonte, pelo que não é vulnerável para a análise do tráfego.

- **Protocolo de segurança LEAP**

- LEAP foi introduzido pela Cisco Systems no ano 2000. O objectivo disto era contrariar algumas das anteriores vulnerabilidades sofridas pelas tecnologias de autenticação anteriores (CHAP e PAP). Embora os ataques contra o protocolo LEAP fossem previamente conhecidos, a Cisco manteve durante muito tempo que o protocolo era seguro se os utilizadores pudessem implementar palavras-passe complexas. No entanto, foram introduzidos protocolos muito mais seguros que incluíam EAP-TLS, EAP-TTLS e PEAP.

- LEAP foi concebido para fornecer autenticação mais segura para 802.11 WLANs (redes locais sem fios) que suportam o controlo de acesso à porta 802.1X.

- LEAP utiliza chaves WEP (Wired Equivalent Privacy) dinâmicas que são alteradas com autenticações mais frequentes entre um cliente e um servidor RADIUS.

2.6.4. TinySEC:

- O que é TinySec?

■ Arquitectura de segurança em camada de ligação para redes de sensores sem fios

- Porque é que precisamos do TinySec?

■ As redes de sensores necessitam de uma forma de comunicação segura

■ Sem fios inerentemente inseguros devido à sua natureza de transmissão

■ Os protocolos seguros existentes são demasiado inchados para redes de sensores sem fios

- As redes de sensores têm recursos computacionais limitados, duração da bateria e capacidades de comunicação

Contribuições:

- TinySec é o primeiro protocolo de segurança em camada de ligação totalmente implementado para redes de sensores sem fios

■ O TinySec é implementado no lançamento oficial do TinyOS

- São discutidos os tradeoffs entre desempenho, transparência e segurança

■ Os autores tentam equilibrar esta troca para a aplicação (redes de sensores sem fios)

- Largura de banda, latência e consumo de energia são analisados para o TinySec

■ É possível implementar isto em software

TinySec é uma base para protocolos de segurança de nível superior

Redes de sensores:
- Sistema heterogéneo de sensor com elementos de computação de uso geral
- A maioria das redes será constituída por centenas ou milhares de sensores
- Geralmente utilizado para recolher alguma informação sobre um ambiente

Hardware representativo:
- Mica2
■ Vários centímetros cúbicos
■ CPU Atmel de 8 MHz de 8 bits
■ Memória de 128 kB de instruções
■ 4 kB RAM (dados)
■ Memória flash de 512 kB
■ 19,2 kbps de rádio com um alcance de ~100 metros
■ Funciona durante ~ 2 semanas na potência máxima
■ Executar TinyOS

Riscos de Segurança e Modelos de Ameaças:
- Meio de difusão
■ Os adversários podem ouvir os dados, interceptar dados, injectar dados e alterar os dados transmitidos
- O que faz o TinySec
■ Garantia de autenticidade, integridade e confidencialidade da mensagem
- O que o TinySec não protege contra
■ Ataques de consumo de recursos
■ Resistência à manipulação física
■ Ataques de captura de nódulos

46

Link-Layer vs End-to-End:
-Segurança de ponta a ponta
- Abordagem típica em redes com fios
- Os pacotes são encriptados pelo emissor e desencriptados pelo receptor
- Os nós que retransmitem a mensagem não descodificam a mensagem, retransmitem como está
- Camada de transporte
- Segurança da camada de ligação
- Cada transmissão física do pacote é codificada e descodificada
- Camada de ligação de dados

Porquê a segurança Link-Layer?
-As redes de sensores têm tipicamente uma arquitectura multifacetada
- Todos os sensores transmitem as suas leituras para a estação base
- Idealmente, as mensagens duplicadas (de diferentes sensores) serão descartadas
- Arquitectura de camada de ligação necessária
- A arquitectura da camada de ligação detecta imediatamente os pacotes "maus
- Poupa recursos

Objectivos de design: Segurança:
- Controlo de Acesso
- As partes não autorizadas não devem poder participar
- Solução: Código MAC
- Integridade da mensagem
- Se uma mensagem for modificada em trânsito, precisa de ser detectada
- Solução: Código MAC
- Confidencialidade da mensagem
- A informação precisa de ser mantida privada de partes não autorizadas
- Solução: Criptografia

Objectivos de design: Segurança (Omissão):
- Protecção de Repetição
- Uma parte não autorizada reenviar um pacote legítimo que ouviu posteriormente
- Defesa típica: associar contador a cada mensagem
- Problema: o Estado precisa de ser mantido para isto e não temos os recursos para tal
- Solução: Deixar um protocolo de nível superior lidar com isto se for um problema

Objectivos de design: Desempenho:
- Sobretaxa
- Aumento da extensão da mensagem
- Diminuir a produção
- Aumentar a latência
- Aumentar o consumo de energia
- Aumento no cálculo (encriptação)
- Aumentar o consumo de energia
-8   bytes é ~25% do tamanho do pacote
- Os protocolos tradicionais de segurança utilizam pelo menos 8-16 bytes

Objectivos de design: Facilidade de utilização:
- Protocolos de segurança de nível mais elevado dependerão do TinySec
- Transparência
- O TinySec deve ser transparente para o desenvolvedor da aplicação quando em uso
- Portabilidade
- TinySec deve suportar diferentes CPU e hardware de rádio
- Qualquer portabilidade necessária deve ser tão indolor quanto possível

Primitivos de Segurança: MAC:
- Código de Autenticação de Mensagem (MACs)
- Solução para a autenticidade e integridade da mensagem
- CRC criptograficamente seguro
- Emissor e Receptor partilham uma chave privada
- O remetente calcula o MAC sobre a mensagem utilizando uma chave privada e inclui-a no pacote
- O receptor faz o mesmo, se o MAC computado for diferente do MAC na mensagem, o receptor

rejeita a mensagem
Primitivos de Segurança: Vectores de Inicialização
- Vectores de Inicialização (IVs)
- ■ Mecanismo de encriptação
- ■ Entrada lateral para algoritmo de encriptação
- ■ Ajuda a alcançar a *Segurança Semântica*
- Os conselheiros não devem ter mais do que 50% de hipóteses de adivinhar qualquer pergunta de sim/não sobre uma mensagem
■ IV adiciona variação à Encriptação
- Importante quando as mensagens encriptadas variam pouco
- ■ IV é publicamente incluído como parte da mensagem
- ■ Tradeoff sobre o comprimento IV do overhead vs utilização de recursos

Desenho TinySec:
- TinySec-AE
- ■ Autenticação & Criptografia
- ■ MAC calculado sobre os dados encriptados e o cabeçalho do pacote
- ■ Assegura que os dados recebidos são de um nó de confiança
- ■ Impede os adversários de verem os dados
- TinySec-Auth
- ■ Apenas autenticação
- ■ Assegurar apenas que os dados recebidos são de um nó de confiança
- ■ Bom quando os dados não precisam de ser privados

TinySec Encryption:
- Esquema de encriptação
■ Encadeamento de blocos de cifras (CBC)
- IV formato
- ■ 8 byte IV
- ■ Deseja minimizar as despesas gerais enquanto obtém segurança suficiente
- ■ Parte de IV é um contador
- ■ Mais sobre isto mais tarde...

Opções de Algoritmo de Criptografia:
- Difusores de fluxo
- ■ Mais rápido que as cifras de bloco (bom!)
- ■ Se alguma vez usarmos o mesmo IV, é muito provável que ambas as mensagens possam ser desencriptadas (más!)
- • Temos recursos limitados para variar o IV
- • Deve usar um algoritmo de cifra de bloco
- Cifras de bloco
- ■ Permutação pseudorandômica chaveada sobre cadeias de bits
- ■ Funciona em blocos de dados (mensagem dividida em blocos)
Mais sobre as Cifras de Bloco:
- Os bons algoritmos MAC utilizam cifras de bloco
■ Duas aves de uma cajadada (guardar espaço de código)
- Modo de funcionamento
■ Contador (CTR)
- Semelhante às cifras de fluxo - rejeitar
■ Encadeamento de blocos de cifras (CBC)
- Pode ser feito para trabalhar com IVs que se podem repetir
■ Encriptação XOR do comprimento da mensagem com o primeiro bloco de texto plaintextos
- Exemplos incluem:
- ■ DES, AES, RC5, Skipjack
- ■ Skipjack escolhido devido a questões de licenciamento e praticidade de implementação de software

Formato do pacote:

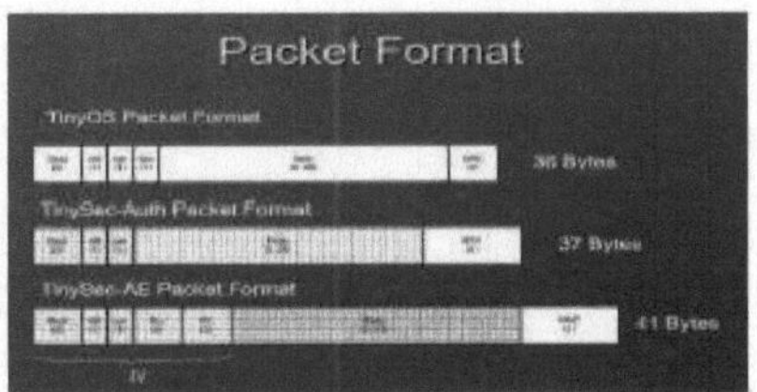

Formato do Pacote Explicado:

- Destino, AM e comprimento enviados não encriptados
- Utilizado para rejeição precoce de mensagens
- Apenas os dados são encriptados (TinySec-AE)
- Tome 2 bytes para CRC e coloque-os em 4 bytes utilizados para MAC (+2 bytes)
- MAC calculado sobre o pacote completo (dados + cabeçalho)
- Campo de grupo abandonado (-1 byte)
- Diferencia entre múltiplas redes de sensores
- MAC faz isto por nós
- TinySec-AE campos adicionais (+4 bytes)
- src - endereço de origem
- ctr - contador
- Estes acrescentam variabilidade ao IV

Análise de Segurança:

- Integridade e Autenticidade da Mensagem
- Baseado no comprimento MAC (4 bytes para TinySec)
- 1 em 2^{JI} 32 hipótese de adivinhá-lo
- O Adversary deve enviar pacotes de 2JI32 para falsificar correctamente uma mensagem
- Isto não é OK para redes regulares, dada a nossa taxa de dados, isto é OK
- Levaria 20 meses para enviar estes muitos pacotes a 19.2kb/s
- (E se o hardware melhorar significativamente?)
- (Como é que o TinySec se irá manter?)
- (Os autores argumentam que a tendência não é nesta direcção)

Análise de Segurança:

- Confidencialidade da mensagem
- Segurança baseada no comprimento IV, assumindo que não há reutilização
-• Um contador de 8 bytes ou 16 bytes aleatórios seria suficiente
- No entanto, temos um total de 8 bytes IV
- 2 Destino, 1 AM, 1 Comprimento, 2 Fonte e 2 Contador
- Tentar maximizar os pacotes que cada nó pode enviar antes da reutilização global de um IV
- Cada nó pode enviar 2JI16 pacotes antes da reutilização IV
- Assumir o mesmo destino, AM e comprimento
- A 1 pacote por minuto -> a reutilização não ocorrerá durante 45 dias
- (Mais uma vez, e se isto mudar?)
- IV reutilizar apenas problemas quando se utiliza a mesma chave privada

Mecanismos de Chaveamento:

- Como distribuímos as chaves privadas aos nós de confiança?
- Chaves pré-configuradas
- Em toda a rede
- 1 chave para todos os nós da rede
- Por-link
- Cada par de nós que comunicam partilham uma chave
- Por grupo
- Cada conjunto de nós que comunicam partilham uma chave

- (ligeiramente fora de tópico, mas relevante para fazer o sistema funcionar)

2.6.5. SM:

2.6.6. ZigBee:

• Zigbee é tecnologia PAN (Personal Area Network) sem fios desenvolvida para apoiar a automatização, comunicação máquina-a-máquina, controlo remoto e monitorização de dispositivos IoT. Evoluiu a partir da norma sem fios IEEE 802.15.4 e é suportada pela **ZigBee Alliance.**

• Zigbee é considerado como um protocolo de comunicação sem fios seguro, com arquitectura de segurança

construído em conformidade com as normas IEEE 802.15. 4. Os serviços de segurança prestados pela Zigbee incluem estabelecimento de chaves, transporte de chaves e protecção de moldura através de criptografia simétrica.

No entanto, os elementos de segurança Zigbee baseiam-se em certos pressupostos:

• Zigbee assume um modelo de "confiança aberta". As camadas da pilha de protocolos confiam umas nas outras. A camada que dá origem a uma moldura é responsável pela sua segurança.

• Os serviços de segurança protegem criptograficamente apenas as interfaces entre os diferentes dispositivos.

• As interfaces entre diferentes camadas de pilha no mesmo dispositivo estão dispostas de forma não criptográfica.

• As chaves secretas não são descobertas durante o transporte de chaves. Uma excepção a isto é durante a pré-configuração de um novo dispositivo, no qual uma única chave pode ser enviada desprotegida.

• Disponibilidade de geradores de números aleatórios quase perfeitos.

Disponibilidade de hardware à prova de manipulação.

Modelos de segurança Zigbee

Existem dois tipos de modelos de segurança em redes Zigbee, como apresentado na Figura 6. Eles diferem principalmente de acordo com o mecanismo implementado, como os novos dispositivos são admitidos na rede e como protegem as mensagens na rede - Rede de segurança centralizada e Rede de segurança distribuída.

1. O *modelo de Segurança Centralizada* é complexo mas mais seguro e envolve o Trust Center (coordenador da rede). Apenas os Coordenadores Zigbee com o Centro de Confiança podem estabelecer redes centralizadas. Os nós juntam-se à rede, recebem a chave de rede e estabelecem uma chave de ligação única com o Trust Center. O Centro de Fideicomisso é responsável por:

• Configuração e autenticação de routers e dispositivos finais que se juntam à rede.

• Geração de chave de rede para ser utilizada para comunicação encriptada através da rede.

• Periodicamente ou conforme necessário, mudar para uma nova chave de rede, como um método de protecção de segurança. Se um atacante adquirir uma chave de rede, terá uma vida útil limitada.

• Estabelecendo uma chave de ligação única para cada dispositivo, à medida que estes se juntam à rede.

• Manter a segurança global da rede.

1. O *modelo de segurança distribuída* é simples, mas menos seguro. Este modelo suporta apenas routers e dispositivos finais. Os routers encontram o seu papel na formatação da rede distribuída e são responsáveis pela assinatura de outros routers e dispositivos finais. Os routers publicam chaves de rede (utilizadas para encriptar mensagens) para routers e dispositivos finais recém-admitidos. Todos os nós da rede utilizam a mesma chave de rede para encriptar mensagens. Além disso, todos os nós são pré-configurados com uma chave de ligação (utilizada para encriptar a chave de rede) antes de entrar na rede, uma vez que não existe um Coordenador e Centro de Confiança.

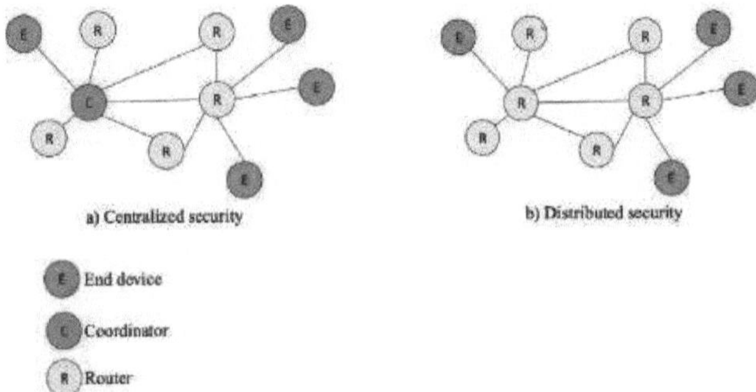

2.6.7. Segurança da Camada de Transporte de Datagramas

- Protocolo de Segurança da Camada de Transporte de Datagramas (DTLS).

- O DTLS permite que as aplicações cliente/servidor comuniquem através da Internet de uma forma concebida para evitar escutas, adulterações, e falsificação de mensagens.

- O protocolo DTLS é intencionalmente baseado no protocolo Transport Layer Security (TLS) e fornece garantias de segurança equivalentes.

- A semântica dos datagramas do transporte subjacente é preservada pelo protocolo DTLS.

- DTLS é um protocolo normalizado que está integrado em todos os navegadores que suportam Web Real-Time

Comunicação, e é um protocolo consistentemente utilizado em navegadores web, e-mail e plataformas VoIP para encriptar informação.

802.1 AR:(802.1AR: Secure Device Identity)

- Norma IEEE para redes locais e de área metropolitana - Identidade do Dispositivo Seguro

- Um Identificador de Dispositivo Seguro (DevID) está criptograficamente ligado a um dispositivo e suporta a autenticação da identidade do dispositivo.

- As redes locais (LANs) são frequentemente implantadas em redes que fornecem serviços acessíveis ao público ou não podem ser completamente seguras fisicamente.

- Os protocolos que configuram, gerem e regulam o acesso a estas redes são normalmente executados através das próprias redes.

- O funcionamento seguro e previsível da rede depende da autenticação de cada dispositivo ligado e participante na rede, de modo a que o grau de confiança e autorização a conceder a esse dispositivo pelos seus pares comunicantes possa ser determinado.

- A autenticação de um utilizador humano, através de uma credencial conhecida ou possuída por esse utilizador, é frequentemente utilizada para autenticar dispositivos tais como computadores pessoais portáteis, mas muitos dispositivos de rede são concebidos para funcionamento autónomo sem vigilância e não suportam a autenticação do utilizador.

- Esta norma especifica identificadores de dispositivos seguros (DevIDs) concebidos para serem utilizados como credenciais de autenticação de dispositivos seguros interoperáveis com Protocolo de Autenticação Extensível (EAP) e outros protocolos de autenticação e aprovisionamento padrão da indústria.

*   Uma identidade normalizada do dispositivo facilita a autenticação segura interoperável do dispositivo e simplifica a implantação e gestão do dispositivo seguro.

IEEE 802.1X:

*   Os dispositivos que tentam ligar-se a uma LAN ou WLAN requerem um mecanismo de autenticação. IEEE 802.1X, uma Norma IEEE para Controlo de Acesso à Rede Baseada em Porte (PNAC), fornece autenticação protegida para acesso seguro à rede.

*   Uma rede 802.1X é diferente das redes domésticas de uma forma principal; tem um servidor de autenticação chamado Servidor RADIUS. Verifica as credenciais de um utilizador para ver se este é um membro activo da organização e, dependendo das políticas da rede, concede aos utilizadores níveis variáveis de acesso à rede.

*   Isto permite a utilização de credenciais ou certificados únicos por utilizador, eliminando a dependência de uma única palavra-passe de rede que pode ser facilmente roubada.

*   802.1X é um protocolo de autenticação de rede que abre portas para acesso à rede quando um A organização autentica a identidade de um utilizador e autoriza-os para o acesso à rede.

*   A identidade do utilizador é determinada com base nas suas credenciais ou certificado, o que é confirmado pelo servidor RADIUS. O servidor RADIUS é capaz de o fazer através da comunicação com o directório da organização, normalmente sobre o protocolo LDAP ou SAML.

KEY TAKEAWAYS

*   802.1X é um protocolo de autenticação para permitir o acesso a redes com a utilização de um servidor RADIUS.
*   A segurança baseada em 802.1X e RADIUS é considerada hoje em dia a norma de ouro para a segurança de redes sem fios e com fios.

Secure LEACH, TLEACH, CSLEACH:

*   LEACH (Low-Energy Adaptive Clustering Hierarchy) é um protocolo de encaminhamento para redes de sensores sem fios no qual:

o A estação de base (lavatório) é fixa

o Os nós sensores são homogéneos

*   LEACH conserva energia através:

o Agregação

o Clustering Adaptativo

Protocolos de Roteamento existentes:

■ LEACH é comparado com três outros protocolos de encaminhamento:
- Direct-Transmission
    -Single-hop
- Energia de Transmissão Mínima
- Multi-hop
- Agrupamento estático
- Multi-hop

Transmissão directa:
- Cada nó sensor transmite directamente para o lava-loiça, independentemente da distância
- Mais eficiente quando existe uma pequena área de cobertura e/ou custo de recepção elevado

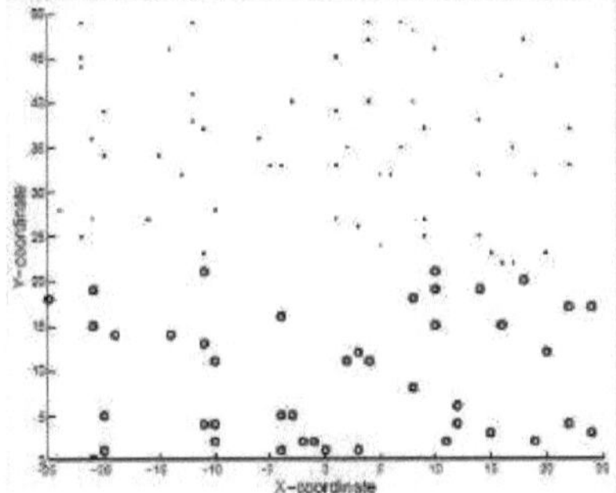
Estado do sensor após 180 rondas com 0,5J/nó

Energia Mínima de Transmissão (MTE):
- O tráfego é encaminhado através de nós intermédios
- Nó escolhido pelo custo do amplificador de transmissão
- Receber custos frequentemente ignorados
- Mais eficiente quando a distância média de transmissão é grande e o E_{eiec} é baixo

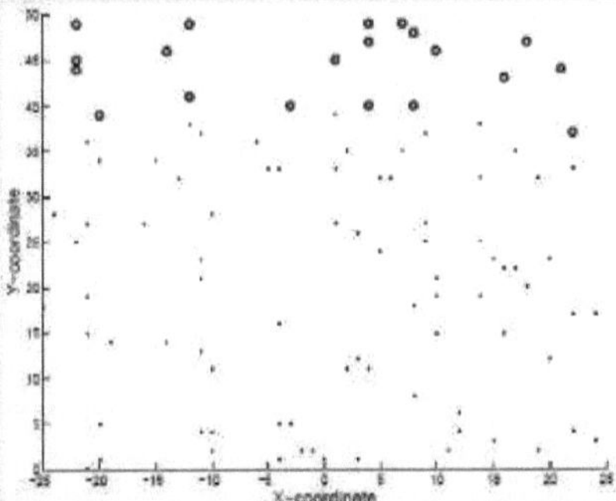
Estado do sensor após 180 rondas com 0,5J/nó

Agrupamento estático:
- Roteamento de tráfego indirecto a montante
- Os membros do agrupamento transmitem para uma cabeça de agrupamento
- TDMA
- A cabeça do aglomerado transmite para a pia
- Não limitado em termos energéticos
- Não se aplica a ambientes homogéneos

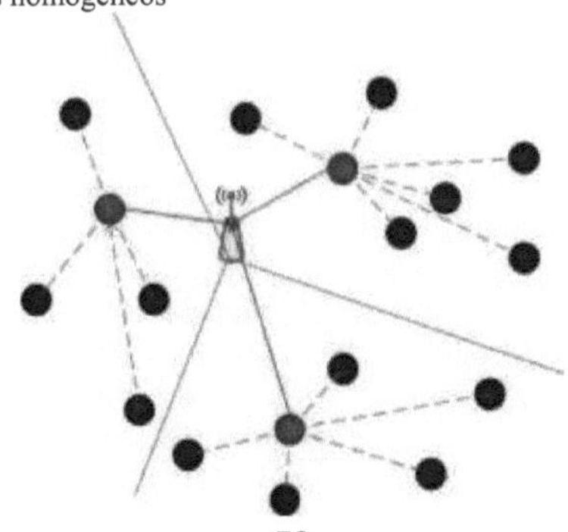

53

2.6.9. TeenySec:

• Um protocolo de segurança da camada de ligação da rede de sensores sem fios (WSN) chamado TeenySec.

• As RSSFs são causadas por muita vulnerabilidade devido a factores tais como restrições de hardware dos nós sensores, meio de comunicação sem fios, computação em tempo real, estrutura heterogénea, grande número de nós, escalabilidade, mobilidade, peso e requisitos de custo do ambiente de aplicação.

• Em aplicações WSN sensíveis como a vigilância de linhas inimigas ou áreas fronteiriças, devem ser utilizados protocolos de segurança que forneçam transferência de dados confidenciais dos sensores para a estação base.

• é desenvolvido um novo protocolo de camada de ligação de dados que se chama TeenySec.

• TeenySec fornece confidencialidade, integridade, frescura e autenticação dos dados e é também eficiente em termos energéticos.

2.6.10.   elementos de segurança em IPV6 (IPng):

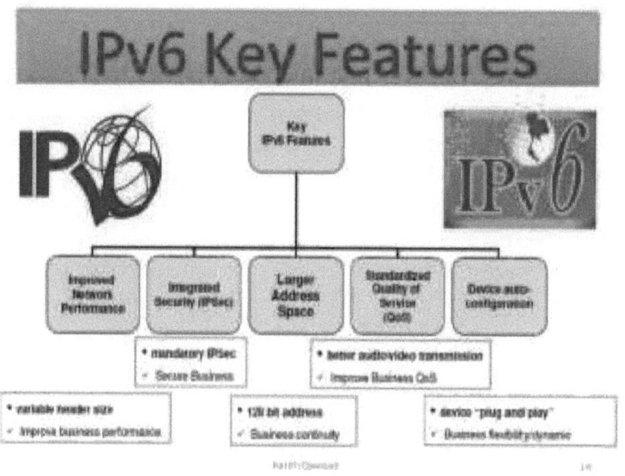

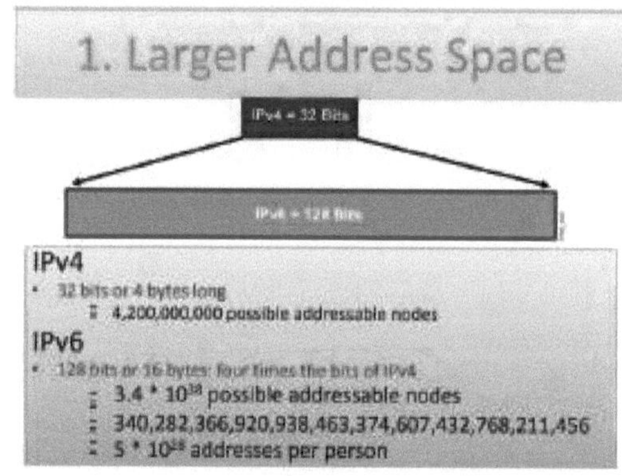

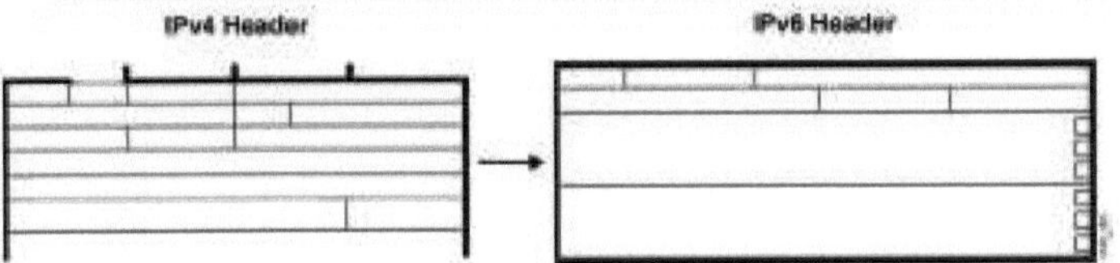

2. Simple and Efficient Header
IPv4 Header
IPv6 Header

Um meio de cabeçalho mais simples e eficiente:
*   Campos alinhados de 64 bits e menos campos
*   Processamento eficiente e baseado em hardware
*   Melhoria da eficiência e do desempenho do encaminhamento
*   Taxa de encaminhamento mais rápido com melhor escalabilidade

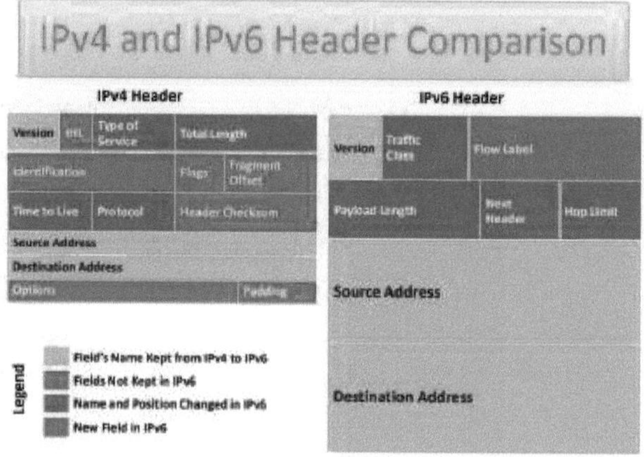

Cabeçalhos de Extensão IPv6

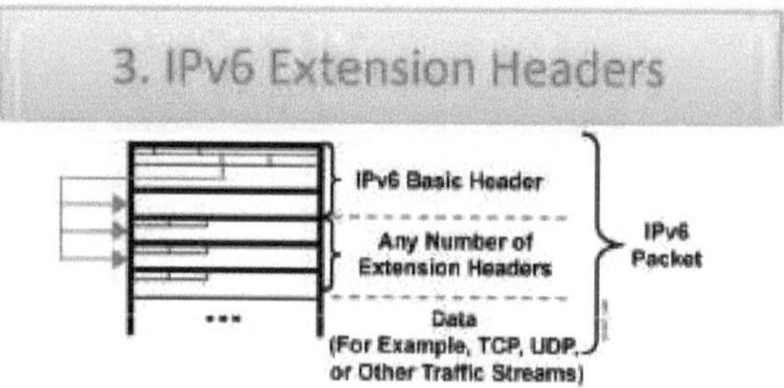

Meios de cabeçalho mais simples e mais eficientes:
*   IPv6 tem cabeçalhos de extensão.
*   O IPv6 trata as opções de forma mais eficiente.
*   O IPv6 permite uma taxa de encaminhamento mais rápida e o processamento dos nós finais.

1. IPV6 ADDRESS SPOOFING (MAC ADDRESS SPOOFING) CONSIDERAÇÃO DE SEGURANÇA

- Na Internet actual baseada em IPv4, um utilizador típico da Internet liga-se a um fornecedor de serviços de Internet (ISP) e obtém um endereço IPv4 utilizando o Protocolo Ponto-a-Ponto (PPP) e o Protocolo de Controlo do Protocolo de Internet (IPCP). Cada vez que o utilizador se liga, um endereço IPv4 diferente pode ser obtido. Devido a isto, *é difícil acompanhar o tráfego de um utilizador discado na Internet com base no endereço IP.*

1. IPV6 ADDRESS SPOOFING (MAC ADDRESS SPOOFING) CONSIDERAÇÃO DE SEGURANÇA

- Para ligações dial-up baseadas em IPv6, é atribuído ao utilizador um prefixo de 64 bits após a ligação ser efectuada através da descoberta do router e auto-configuração de endereços sem estado. Se o identificador de interface for sempre baseado no endereço EIII-64 (como derivado do endereço estático IEEE 802), é possível identificar o tráfego de um nó específico independentemente do prefixo, *tornando fácil o rastreio de um utilizador específico e a sua utilização da Internet.*

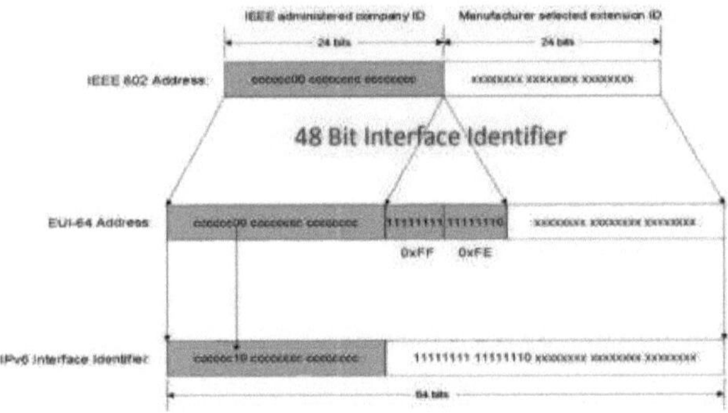

Integração da Segurança no Ecossistema IoT

3.1. Segurança na concepção e desenvolvimento de edifícios, design seguro
3.2. Modelação de ameaças, avaliação de impacto
3.3. Integração do sistema de segurança
3.3.1 enquadramento
3.3.2 APIs seguras
3.3.3 Criptografia
3.3.4 Autenticação
3.4. Gestão da identidade e do acesso
3.5. Controlo de segurança
3.6. Configurações seguras de gateway e rede
3.7. Funções e atributos de gestão
3.8. Ferramentas e técnicas de teste de penetração da IOT.

3.1. Segurança na concepção e desenvolvimento de edifícios, design seguro
Metodologia de desenho de loT - Passos

Purpose & Requirements
Define Purpose & Requirements of loT system

Process Model Specification
Define the use cases

Domain Model Specification
Define Physical Entities, Virtual Entities, Devices, Resources and Services in the loT system

Information Model Specification
Define the structure (e.g. relations, attributes) of all the information in the loT system

Service Specifications
Map Process and Information Model to services and define service specifications

IoT Level Specification
Define the loT level for the system

Functional View Specification
Map loT Level to functional groups

Operational View Specification
Define communication options, service hosting options, storage options, device options

Device & Component Integration
Integrate devices, develop and integrate the components

Application Development
Develop Applications

Passo 1: Finalidade e Especificação de Requisitos - O primeiro passo na metodologia de concepção do sistema IoT é definir a finalidade e os requisitos do sistema. Nesta etapa, são capturados o objectivo, comportamento e requisitos do sistema (tais como requisitos de recolha de dados, requisitos de análise de dados, requisitos de gestão do sistema, requisitos de privacidade e segurança dos dados, requisitos da interface do utilizador, ...).

Passo 2: Especificação do processo - O segundo passo na metodologia de concepção da IdC consiste em definir a especificação do processo. Nesta etapa, os casos de utilização do sistema IdC são formalmente descritos com base e derivados das especificações do objectivo e dos requisitos.

Passo 3: Especificação do Modelo de Domínio - O terceiro passo na metodologia de concepção da IdC é definir o Modelo de Domínio. O modelo de domínio descreve os principais conceitos, entidades e objectos no domínio do sistema de IdC a ser concebido. O modelo de domínio define os atributos dos objectos e as relações entre objectos. O modelo de domínio fornece uma representação abstracta dos conceitos, objectos e entidades no domínio da IdC, independentemente de qualquer tecnologia ou plataforma específica. Com o modelo de domínio, os designers do sistema IoT podem obter uma compreensão do domínio IoT para o qual o sistema deve ser concebido.

Passo 4: Especificação do Modelo de Informação - O quarto passo na metodologia de concepção da IdC é definir o Modelo de Informação. O Modelo de Informação define a estrutura de toda a informação no sistema IdC, por exemplo, atributos de Entidades Virtuais, relações, etc. O Modelo de Informação não descreve as especificidades de como a informação é representada ou armazenada. Para definir o modelo de informação, listamos primeiro as Entidades Virtuais definidas no Modelo de Domínio. O modelo de informação acrescenta mais detalhes às Entidades Virtuais, definindo os seus atributos e relações.

Passo 5: Especificações de Serviço - O quinto passo na metodologia de concepção da IdC é definir as especificações de serviço. As especificações de serviço definem os serviços no sistema IdC, tipos de serviço, entradas/saídas de serviço, pontos finais de serviço, horários de serviço, condições prévias de serviço e efeitos de serviço.

Passo 6: Especificação do nível da IdC - O sexto passo na metodologia de concepção da IdC é definir o nível da IdC para o sistema.

Passo 7: Especificação da Visão Funcional - O sétimo passo na metodologia de concepção da IdC é definir a Visão Funcional. A Vista Funcional (FV) define as funções dos sistemas IoT agrupados em vários Grupos Funcionais (FGs). Cada Grupo Funcional ou fornece funcionalidades para interagir com instâncias de conceitos definidos no Modelo de Domínio ou fornece informações relacionadas com estes conceitos.

Passo 8: Especificação da Visão Operacional - O oitavo passo na metodologia de concepção da IdC é definir as Especificações da Visão Operacional. Nesta etapa, são definidas várias opções relativas à implementação e operação do sistema IoT, tais como, opções de alojamento de serviços, opções de armazenamento, opções de dispositivos, opções de alojamento de aplicações, etc.

Passo 9: Integração de dispositivos e componentes - O nono passo na metodologia de concepção da IdC é a integração dos dispositivos e componentes.

Passo 10: Desenvolvimento da aplicação - O passo final na metodologia de concepção da IdC é

desenvolver a aplicação IdC.

Lógica computacional incorporada:

*   É essencial conhecer os dispositivos incorporados enquanto se aprende a LIB ou se constroem os projectos em LIB.

*   Os dispositivos incorporados são os objectos que constroem o sistema informático único. Estes sistemas podem ou não ligar-se à Internet.

*   Um sistema de dispositivo incorporado funciona geralmente como uma única aplicação. No entanto, estes dispositivos podem ligar-se através da ligação à Internet, e podem comunicar através de outros dispositivos de rede.

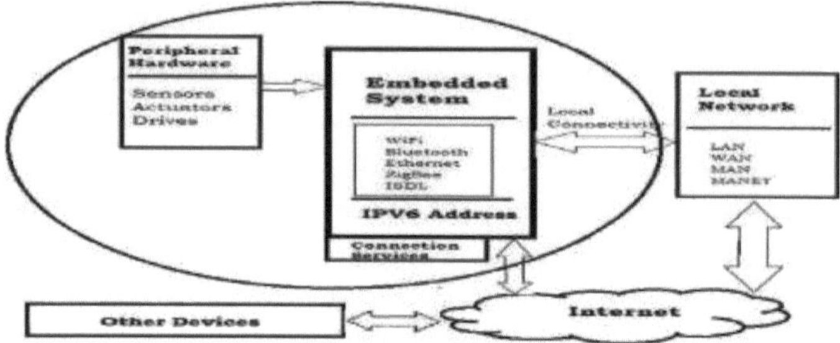

*   Desenvolvidos pela primeira vez nos anos 60 para a indústria aeroespacial e militar, os sistemas informáticos incorporados continuam a suportar novas aplicações através de numerosas melhorias de características e de custos para - melhorias de desempenho de microcontroladores e dispositivos lógicos programáveis.

*   Hoje em dia, os sistemas informáticos incorporados controlam dispositivos quotidianos que geralmente não pensamos como "computadores": câmaras digitais, automóveis, relógios inteligentes, electrodomésticos, e mesmo vestuário inteligente. Estes sistemas informáticos incorporados são normalmente encontrados em aplicações de consumo, industriais, automóveis, médicas, comerciais, e militares.

*   Ao contrário dos computadores de uso geral, os sistemas de controlo incorporados são tipicamente concebidos para realizar tarefas específicas. A tarefa do projectista do sistema informático incorporado é identificar o conjunto de componentes que irão implementar os requisitos funcionais, de desempenho, de usabilidade e de fiabilidade do sistema, tipicamente dentro de apertadas restrições de custo e de tempo de desenvolvimento.

*   Consequentemente, a selecção de um microcontrolador e as suas características, incluindo capacidades de processamento de dados, velocidade, periféricos e consumo de energia, é um dos primeiros e mais críticos aspectos da concepção de sistemas.

*   Parte da responsabilidade do designer envolve estar consciente das tendências na sua indústria específica e tirar partido de componentes e técnicas relevantes .

*   Vejamos exemplos entre as principais indústrias para aplicações de microcontroladores, a Internet das Coisas.

Hardware de Sistema Embutido:

*   O sistema incorporado pode ser do tipo microcontrolador ou do tipo microprocessador. Ambos os tipos contêm um circuito integrado (IC).

*   O componente essencial do sistema incorporado é um microcontrolador da família RISC como Motorola 68HC11, PIC 16F84, Atmel 8051 e muitos mais.

- O factor mais importante que diferencia estes microcontroladores com o microprocessador como 8085 é a sua memória interna legível e gravável.
- Os componentes essenciais do dispositivo incorporado e a arquitectura do sistema são especificados abaixo.

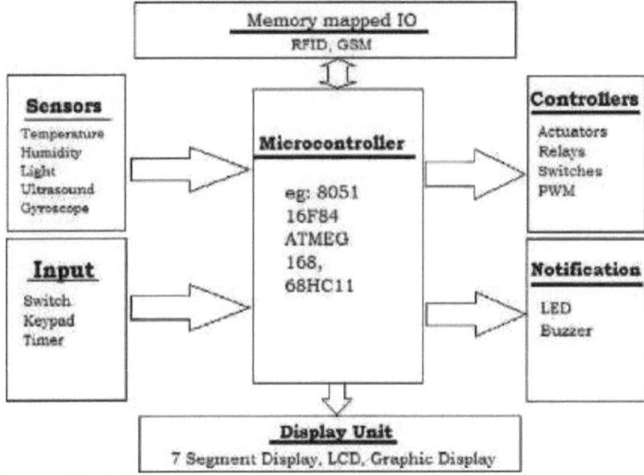

Software de Sistema Embebido:

- O sistema incorporado que utiliza os dispositivos para o sistema operativo baseia-se na plataforma linguística, principalmente onde a operação em tempo real seria realizada.
- Os fabricantes constroem software incorporado em electrónica, por exemplo, carros, telefones, modems, aparelhos, etc.
- O software do sistema incorporado pode ser tão simples como os controlos de iluminação executados utilizando um microcontrolador de 8 bits.
- Também pode ser software complicado para mísseis, sistemas de controlo de processos, aviões, etc.

Microcontroladores para Computação Incorporada com Dispositivos IoT

- Os dispositivos de loT destinam-se a ser baratos, pelo que o microcontrolador deve ser escolhido de modo a que as suas capacidades não sejam subutilizadas pela aplicação.
- **As especificações do microcontrolador que determinam a melhor parte para a sua aplicação são:**

o **Um pouco de profundidade:** A largura do registo e do caminho de dados tem impacto na velocidade e exactidão com que os microcontroladores podem efectuar cálculos não triviais.

o **Memória:** A quantidade de RAM e Flash num microcontrolador determina o tamanho do código e a complexidade que o componente pode suportar a toda a velocidade. As memórias grandes têm uma área e um custo de componente maiores.

o **GPIO:** Estes são os pinos microcontroladores utilizados para ligar aos sensores e actuadores do sistema. Estes partilham frequentemente a sua funcionalidade com outros periféricos de microcontroladores, tais como comunicação em série, conversores A/D, e D/A.

o **Consumo de energia:** O consumo de energia é criticamente importante para dispositivos accionados por pilhas e normalmente aumenta com a velocidade do microcontrolador e o tamanho da memória.

Sistema em Fichas:

*   O sistema em chip em IoT concebido pela Redpine Signals é discutido abaixo. Este IoT SoC suporta sistemas WLAN, bluetooth e Zigbee num único chip. Também suporta frequências de rádio de 2,4 e 5GHz.

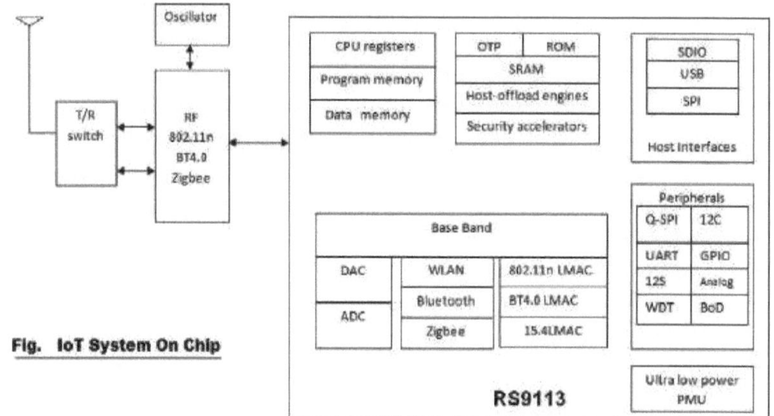

Fig. IoT System On Chip

*   Como sabemos, IoT é a tecnologia que proporcionará a comunicação entre as coisas, entre as coisas e as pessoas que utilizam a Internet e os protocolos habilitados para IP.

*   Como já vimos no tutorial de IoT, qualquer sistema compatível com IoT terá duas partes principais: a parte da frente e a parte de trás.

*   O front end fornece conectividade com o mundo físico e consiste em sensores enquanto o back end consiste em interfaces de processamento e conectividade de rede.

*   O típico **sistema IoT em chip** suporta mais do que um RAT (Radio Access Technologies). Terá os seguintes módulos.

- Transmitir e receber o interruptor.

Parte RF amplificadores.	consiste em	Lixeira,	receptor,	oscilador	e
Memóriasi.e. armazenar o	Programa código e	memória, dados	memória de dadosto		

*   Camada física (processamento de banda de base) ou em FPGA ou em processador baseado em requisitos de complexidade e latência.
*   Pilhas de protocolo superior e camada MAC TCP/IP etc. rodando no processador
*   ADC e DAC para fornecer interface entre a banda de base digital e as porções de RF analógica.
*   Várias interfaces tais como SDIO, USB, SPI etc. para fornecer interface com o anfitrião.
*   Outros periféricos tais como UART, I C, GPIO, WDT etc. para utilizar o SoC IoT para variousconexões.

Como o sistema IoT no chip suporta múltiplos protocolos sem fios e hardware RF para suportar múltiplas bandas de frequência, os seguintes factores têm de ser cuidadosamente analisados e optimizados.

*   Consumo de energia

- Data-throughput

- Tamanho do dispositivo

- Desempenho em termos de latência e outros factores

A figura mostra um desses sistemas IoT no modelo Chip no. RS9113, que foi recentemente concebido e desenvolvido pela Redpine Signals. Suporta WLAN (802.11n), Bluetooth versão 4.0 e Zigbee (802.15.4-2006) no mesmo chip. Assim, o dispositivo IoT pode ser ligado a qualquer uma das referidas redes baseadas na tecnologia sem fios.

Este SoC (sistema em chip em IoT) pode ser utilizado para numerosas aplicações, como mencionado abaixo:
- Móvel
- M2M-Comunicação
- Identificação da localização em tempo real

Termóstatos
- Medidores inteligentes
- Dispositivos sensores sem fios
- Conversor série para WiFi
- Telefones compatíveis com Voice Over WiFi
- Domótica
- Dispositivos e equipamentos de cuidados de saúde

Construção de blocos de IoT:

- Quatro coisas formam blocos básicos de construção do sistema IoT - sensores, processadores, gateways, aplicações. Cada um destes nós tem de ter as suas próprias características a fim de formar um sistema IoT útil.

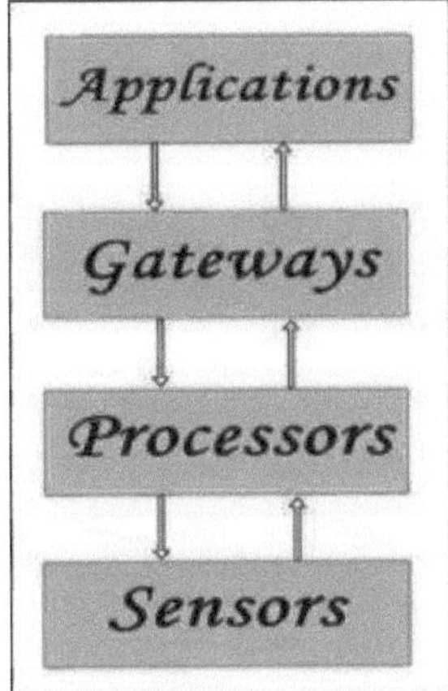

Figura: Diagrama simplificado dos blocos de construção básicos da **IdC**

Sensores:

- Estes formam a parte da frente dos dispositivos IoT. São as chamadas "Coisas" do sistema. O seu principal objectivo é recolher dados do seu ambiente (sensores) ou fornecer dados ao seu ambiente (actuadores).

- Estes têm de ser dispositivos exclusivamente identificáveis com um endereço IP único para que possam ser facilmente identificáveis através de uma grande rede.

- Estes têm de ser activos por natureza, o que significa que devem ser capazes de recolher dados em tempo real. Estes podem trabalhar por conta própria (autónomos por natureza) ou podem bemade trabalhar pelo utilizador em função das suas necessidades (controlados pelo utilizador).

* Exemplos de sensores são sensor de gás, sensor de qualidade da água, sensor de humidade, etc.

Processadores:

* Os processadores são o cérebro do sistema IoT.

* A sua principal função é processar os dados capturados pelos sensores e processá-los de modo a extrair os dados valiosos da enorme quantidade de dados brutos recolhidos.

* Numa palavra, podemos dizer que dá inteligência aos dados.

* Os processadores funcionam na sua maioria em tempo real e podem ser facilmente controlados por aplicações.

* Estes são também responsáveis pela segurança dos dados - ou seja, pela encriptação e desencriptação dos dados.

* Os dispositivos de hardware incorporados, microcontroladores, etc. são os que processam a base de dados porque têm processadores ligados à mesma.

Portas de acesso:

* As gateways são responsáveis pelo encaminhamento dos dados processados e enviam-nos para locais apropriados para a sua (dados) correcta utilização.

* Por outras palavras, podemos dizer que o portal ajuda na comunicação de e para os dados. Fornece conectividade de rede aos dados. A conectividade de rede é essencial para que qualquer sistema IoT comunique.

* LAN, WAN, PAN, etc. são exemplos de gateways de rede.

Aplicações:

* As candidaturas formam outra extremidade de um sistema IoT. As aplicações são essenciais para uma utilização adequada de todos os dados recolhidos.

* Estas aplicações baseadas na nuvem que são responsáveis por dar o significado efectivo aos dados recolhidos. As aplicações são controladas pelos utilizadores e são um ponto de entrega de serviços particulares.

* Exemplos de aplicações são aplicações de domótica, sistemas de segurança, centro de controlo industrial, etc.

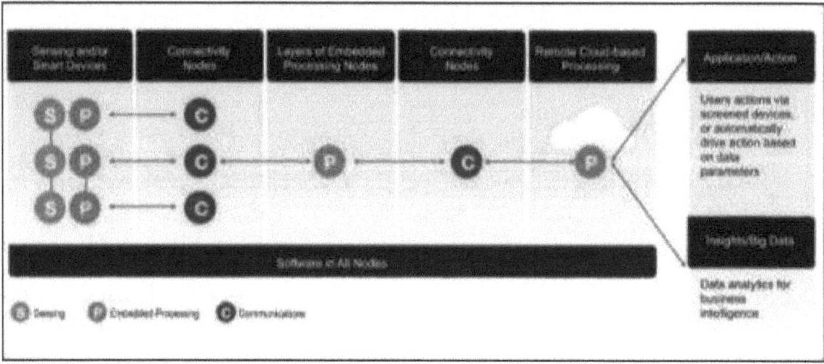

Figura: Elementos básicos de construção da IdC

* Em resumo, a partir da figura podemos determinar que a informação recolhida pelo nó sensor (nó terminal) é processada primeiro, depois através da conectividade chega aos nós de processamento

incorporados que podem ser quaisquer dispositivos de hardware incorporados e são aí processados também.

• Depois passa novamente pelos nós de conectividade e chega ao processamento remoto baseado na nuvem que pode ser qualquer software e é enviado para o nó de aplicação para o uso adequado dos dados recolhidos e também para a análise de dados através de grandes dados.

IoT Segurança por Design:

• Seguro por concepção é a inclusão de princípios de concepção de segurança, tecnologia, e governação em todas as fases da jornada da IdC. Quando uma organização procura criar, implementar e alavancar tecnologia ligada para conduzir o seu negócio, a segurança deve ser integrada em cada componente, nível e aplicação para preservar a integridade da solução de IdC e minimizar o risco de ameaças cibernéticas.

• O desenvolvimento de soluções de IdC em torno de uma plataforma padrão permite às organizações desenvolver soluções de segurança para dispositivos IdC de uma forma consistente. Em contraste, quando as organizações desenvolvem plataformas de IdC a partir do zero, pode inconscientemente aumentar o potencial de riscos relacionados com a Internet. As plataformas de IdC normalmente incluem ferramentas e métodos padrão que podem promover bons hábitos de design e ajudar os programadores a construir uma forte segurança nas suas soluções desde o início.

• Além disso, as plataformas de IdC são geralmente concebidas e testadas de forma holística para validar que existe um elevado nível de segurança implantado a todos os níveis, não só dentro de componentes individuais mas também para todos os componentes que trabalham em conjunto como um todo.

• As nossas casas e as nossas empresas estão cheias de dispositivos "inteligentes" / conectados, que são ótimos, mas também expõem numerosas novas superfícies de ataque.

• O quadro de "segurança por concepção" pode oferecer um caminho em frente.

• É um conjunto de princípios dentro do desenvolvimento de hardware e software centrado em fazer da segurança uma preocupação central no processo de concepção e desenvolvimento.

• Cada vez mais, estamos a encher as casas com dispositivos "inteligentes" / ligados para além dos computadores da velha guarda, desde termóstatos a sistemas de segurança até aparelhos de cozinha.

• As empresas estão a trazer toda uma gama de processos, objectos e espaços em linha para ampliar também o potencial humano.

• A Internet das Coisas (IoT) tem um enorme potencial, mas ligar tudo tem um efeito secundário: maior vulnerabilidade.

• Temos de considerar os fundamentos da segurança cibernética da Internet para nos protegermos pessoal e profissionalmente. As principais preocupações são as melhores práticas, o conceito de "segurança por concepção" e os programas de certificação de segurança de dispositivos.

Segurança do Dispositivo IoT:

Os principais passos para fixar dispositivos IoT incluem as seguintes melhores práticas:

• **Efectuar actualizações de rotina.** Os fabricantes lançam actualizações à medida que reconhecem formas de melhorar os seus produtos. Uma vez que o produto esteja nas suas mãos, instalar rapidamente actualizações ajudará a protegê-lo contra as ameaças mais recentemente descobertas. Mas tenha em mente que as actualizações imperfeitas podem expor novas vulnerabilidades de segurança.

- **Controlar o acesso.** Considere se precisa de estar ligado à Internet para poder utilizar o dispositivo. Se não precisar de estar ligado, então só quer conceder acesso à sua rede doméstica.

- **Desligar o Plug and Play Universal.** O UPnP é um ponto fraco para routers, câmaras, impressoras e outros dispositivos. Ao mesmo tempo, a interoperabilidade segura é um imperativo para o IoT.

- **Melhorar as palavras-passe.** Devem ser longas e alfanuméricas, evitando a repetição, palavras de dicionário e detalhes pessoais. Muitos dispositivos actualmente enviados com palavras-passe incrivelmente horríveis como "admin" e "password", por isso verifique sempre com o seu fornecedor de hardware e assegure-se de assegurar os seus pontos finais IoT.

- **Proteja as suas ligações.** Utilize uma rede privada virtual (VPN) para ligar os seus dispositivos à Internet. Para melhorar a sua estabilidade, certifique-se de que a VPN que utiliza está bem adaptada ao tipo de dispositivo.

Segurança por Design & Privacidade por Design:

- Para além de conhecer alguns passos que pode dar com os dispositivos, ajuda a escolher um fabricante que segue a *segurança pela concepção.*

- A segurança por concepção é um conjunto de princípios dentro do desenvolvimento de hardware e software centrado na segurança do sistema e na redução do risco de um compromisso.

- Seguir estes princípios permite a um fabricante saber que está a proteger os utilizadores e a cumprir o Regulamento Geral de Protecção de Dados da União Europeia (GDPR).

- Os sistemas construídos com este método incorporam elementos como o respeito pela codificação das melhores práticas, a implementação de protecções de autenticação e a implementação de testes contínuos.

- A razão chave que *assegura por desenho* é tão importante é que o software é tipicamente considerado em primeiro lugar e principalmente em termos da sua função. A segurança torna-se uma preocupação secundária, e os programadores devem abordar as falhas e vulnerabilidades de segurança como uma preocupação contínua em vez de a construírem com segurança optimizada.

- Com segurança por concepção, pode ter a certeza de que o fabricante está a resolver os problemas de segurança de forma eficaz e rápida.

A segurança por concepção incorpora os seguintes princípios:

- **Proteger os incumprimentos.** Criar um padrão de experiência segura. Permitir aos utilizadores remover protecções, se desejado.

- **Correctamente reparar questões de segurança.** Tenha cuidado com os padrões de desenho, que podem introduzir regressões quando tentar corrigir o seu código. Teste em todas as aplicações relevantes.

- **Manter a segurança simples.** Quer que o seu código seja o mais simples possível. É mais fácil reduzir a sua área de superfície de ataque nesse contexto.

- **O princípio da defesa em profundidade.** Embora possa ser razoável ter apenas um único controlo, acrescente mais controlos para que as suas defesas sejam mais profundas.

- **O princípio do privilégio mínimo.** As contas devem receber o nível mínimo possível de privilégios, a fim de completarem as suas funções comerciais.

- **Não confiar nos serviços.** Pode utilizar fornecedores externos para processamento. Tenha em mente, no entanto, que os serviços não devem ser de confiança, por defeito.

- **Evitar a segurança por obscuridade.** Não se deve tentar proteger dados críticos simplesmente escondendo detalhes chave. Trata-se de um controlo de segurança insuficiente.

- **Separação de funções.** Tipicamente, os administradores não devem ser utilizadores de uma aplicação. Por exemplo, um administrador não deve poder comprar de uma loja como um utilizador super-privilegiado.

- **Falhas seguras.** Verifique que o seu código nunca falha de uma forma que torne o utilizador um administrador por defeito.

- **Minimizar a área de superfície de ataque.** A área de superfície de ataque deve ser restringida o mais possível. Todas as características acrescentam risco. Devem justificá-lo.

3.2. Modelação de ameaças e avaliação de impacto:
Modelação de ameaças:

- A modelação de ameaças é um processo pelo qual as potenciais ameaças, tais como vulnerabilidades estruturais ou a ausência de salvaguardas apropriadas, podem ser identificadas, enumeradas, e as atenuações podem ser priorizadas.

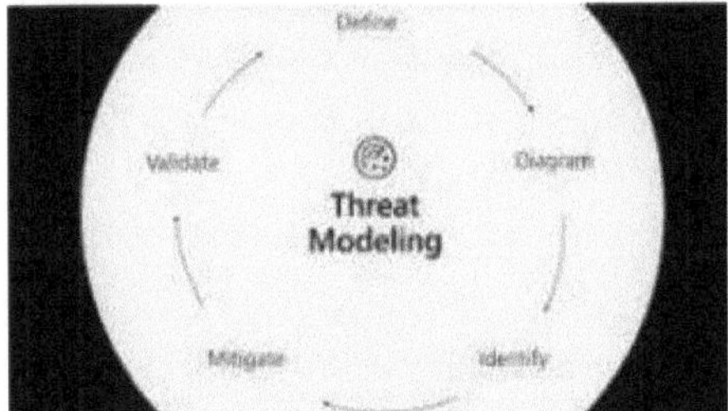

- **A modelação de ameaças é um processo estruturado com estes objectivos:**
  - identificar os requisitos de segurança
  - localizar as ameaças à segurança e as potenciais vulnerabilidades,

o quantificar a criticidade da ameaça e da vulnerabilidade, o dar prioridade aos métodos de remediação.

■ Os métodos de modelação de ameaças criam estes artefactos:
* Uma abstracção do sistema
* Perfis de potenciais atacantes, incluindo os seus objectivos e métodos
  * Um catálogo de ameaças que podem surgir

Como funciona a modelação de ameaças?

* A modelação de ameaças funciona através da identificação dos tipos de agentes de ameaça que causam danos a uma aplicação ou sistema informático.

* Adopta a perspectiva de hackers maliciosos para ver os danos que poderiam causar. Ao conduzir a modelação de ameaças, as organizações efectuam uma análise minuciosa da arquitectura de software, contexto empresarial, e outros artefactos (por exemplo, especificações funcionais, documentação do utilizador).

* Este processo permite uma compreensão mais profunda e a descoberta de aspectos importantes do sistema. Normalmente, as organizações conduzem a modelação de ameaças durante a fase de concepção (mas pode ocorrer noutras fases) de uma nova aplicação para ajudar os criadores a encontrar vulnerabilidades e a tomar consciência das implicações de segurança da sua concepção, código, e decisões de configuração.

* Geralmente, os criadores executam a modelação de ameaças em quatro etapas:

* **Diagrama.** O que estamos a construir?

* **Identificar ameaças.** O que poderia correr mal?

* **Mitigar.** O que estamos a fazer para nos defendermos das ameaças?

* **Validar.** Já actuámos em cada uma das etapas anteriores?

<u>Vantagens da modelação de ameaças:</u>
* Quando executada correctamente, a modelação de ameaças pode fornecer uma linha de visão clara através de um projecto de software, ajudando a justificar os esforços de segurança.

* O processo de modelação de ameaças ajuda uma organização a documentar uma ameaça de segurança conhecida a uma aplicação e a tomar decisões racionais sobre a forma de as enfrentar. Caso contrário, os decisores poderiam agir precipitadamente, com base em provas escassas ou inexistentes.

* Globalmente, um modelo de ameaça bem documentado oferece garantias úteis para explicar e defender a postura de segurança de uma aplicação ou sistema informático. E quando a organização de desenvolvimento leva a sério a segurança, a modelação de ameaças é a forma mais eficaz de fazer o seguinte:

* Detectar problemas no início do ciclo de desenvolvimento de software (SDLC)- mesmo antes de começar a codificação.

* Falhas de concepção pontual que os métodos de teste tradicionais e as revisões de código podem ignorar.

* Avalie novas formas de ataque que de outra forma poderia não considerar.

* Maximizar os orçamentos de testes ajudando nos testes alvo e na revisão de códigos.

- Identificar os requisitos de segurança.

- Remover problemas imediatos antes do lançamento do software e evitar a dispendiosa recodificação pós-desdobramento.

- Pense em ameaças para além dos ataques padrão às questões de segurança exclusivas da sua aplicação.

- Mantenha os quadros à frente dos atacantes internos e externos relevantes para as suas aplicações.

- Destacar activos, agentes de ameaça, e controlos para deduzir componentes que os atacantes irão atacar.

- Modelar a localização de agentes de ameaça, motivações, competências e capacidades para localizar potenciais atacantes em relação à arquitectura do sistema.

Avaliação de impacto:

- A avaliação do impacto do risco é o processo de avaliação das probabilidades e consequências dos eventos de risco, se estes se realizarem.

- Os resultados desta avaliação são então utilizados para dar prioridade aos riscos a fim de estabelecer uma classificação de importância mais ou menos crítica.

- A classificação dos riscos em termos da sua criticidade ou importância proporciona à gestão do projecto conhecimentos sobre onde os recursos podem ser necessários para gerir ou mitigar a realização de eventos de elevada probabilidade/alto risco de consequência.

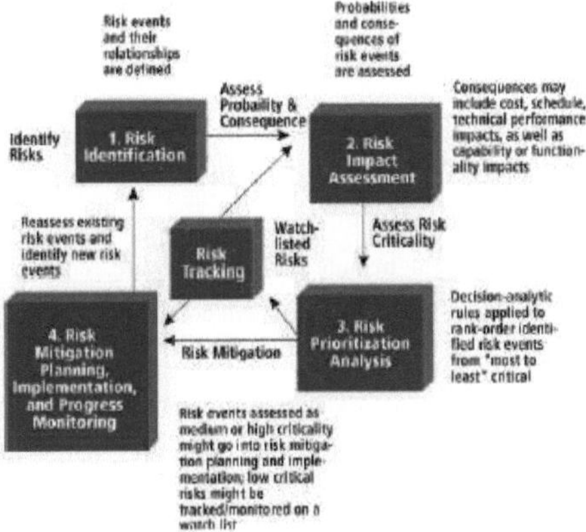

3.3. Integração de sistemas de segurança, estrutura, APIs seguras, criptografia,

autenticação:
Integração do sistema de segurança:

(O IoT e os sistemas de segurança doméstica inteligentes que revolucionaram 2016)

A Internet das Coisas (IoT) é uma rede de dispositivos conectados, cada um com um identificador único que recolhe e troca automaticamente dados através de uma rede.

Os dispositivos IoT são utilizados em múltiplos sectores e indústrias, incluindo:

- Aplicações de consumo - Os produtos de consumo IoT incluem smartphones, relógios inteligentes e casas inteligentes, que controlam tudo, desde ar condicionado a fechaduras de portas, tudo a partir de um único dispositivo.

• Aplicações comerciais - As empresas utilizam uma vasta gama de dispositivos IoT, incluindo câmaras de segurança inteligentes, localizadores para veículos, navios e mercadorias, bem como sensores que captam dados sobre maquinaria industrial.

• Aplicações governamentais - As aplicações governamentais de IdC incluem dispositivos utilizados para rastrear a vida selvagem, monitorizar o congestionamento do tráfego e emitir alertas de desastres naturais.

O número de dispositivos IoT em todo o mundo é agora de milhares de milhões. A sua presença crescente na nossa vida quotidiana levou a um maior escrutínio das suas questões de segurança inerentes, que iremos explorar aqui.

Como são geridos os dispositivos da Internet das Coisas:
Para funcionarem como pretendido, os dispositivos IoT precisam de ser geridos tanto internamente (por exemplo, manutenção de software) como externamente (ou seja, a sua comunicação com outros dispositivos).

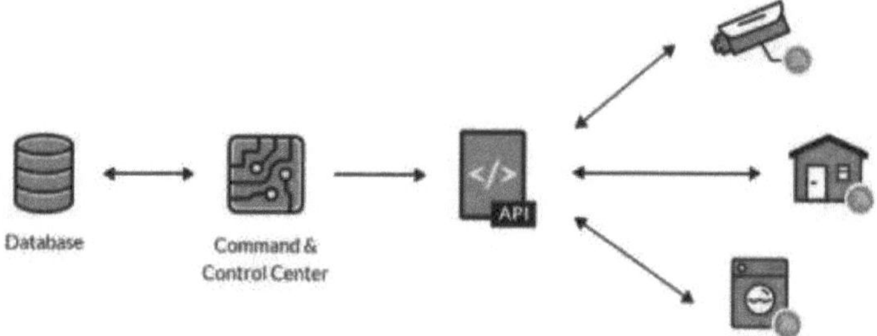

• Isto é conseguido ligando cada dispositivo IoT a uma unidade de gestão, conhecida como centro de comando e controlo (C&C).

• Os centros são responsáveis pela manutenção de software, configurações, actualizações de firmware para correcção de bugs e vulnerabilidades, bem como pelo aprovisionamento e autenticação de tarefas, tais como a inscrição de dispositivos.

• A comunicação entre dispositivos é activada através de interface de programa de aplicação (API). Uma vez que o fabricante de um dispositivo exponha o seu API, outros dispositivos ou aplicações podem utilizá-lo para recolher dados e comunicar.

• Alguns APIs permitem até o controlo de dispositivos. Por exemplo, um gestor de edifício pode utilizar um API para bloquear remotamente portas dentro de um escritório específico.

Vulnerabilidades e questões de segurança do IOT:
Os centros C&C e os APIs gerem eficazmente as operações quotidianas de IOT. Dito isto, a sua natureza centralizada cria uma série de pontos fracos exploráveis, incluindo:

• **Vulnerabilidades inigualáveis** - Os problemas de conectividade ou a necessidade de os utilizadores finais descarregarem manualmente actualizações directamente de um centro C&C resultam frequentemente em dispositivos a funcionar com software desactualizado, deixando-os abertos a vulnerabilidades de segurança recentemente descobertas.

- **Fraca autenticação** - Os fabricantes lançam frequentemente dispositivos IoT (por exemplo, routers domésticos) contendo palavras-passe facilmente decifráveis, que podem ser deixadas no lugar por vendedores e utilizadores finais. Quando deixados abertos para acesso remoto, estes dispositivos tornam-se presas fáceis para atacantes que executam scripts automatizados para exploração em massa.

- **APIs Vulneráveis** - Como porta de entrada para um centro C&C, as APIs são geralmente alvo de uma variedade de ameaças, incluindo o Homem no Meio (MITM), injecções de código (por exemplo, SQLI), e ataques distribuídos de negação de serviço (DDoS). Mais informações sobre as implicações dos ataques de API-targeting podem ser encontradas aqui.

Os perigos colocados por dispositivos exploráveis podem ser divididos em duas categorias: ameaças que representam para os seus utilizadores e ameaças que representam para outros.

Ameaças aos utilizadores:

Um dispositivo IoT comprometido coloca os seus utilizadores em risco de várias maneiras, como por exemplo:

Roubo de dados:

Um dispositivo IoT contém grandes quantidades de dados, muitos dos quais são exclusivos dos seus utilizadores individuais, incluindo registos de navegação/compra online, detalhes de cartões de crédito e informações pessoais de saúde.

Um dispositivo mal protegido deixa estes dados vulneráveis ao roubo. Além disso, os dispositivos vulneráveis podem ser utilizados como gateways para outras áreas da rede em que estão implantados, permitindo a extracção de dados mais sensíveis.

Danos físicos

Os dispositivos IoT são agora comuns na indústria médica, com exemplos que incluem pacemakers, monitores cardíacos e desfibrilhadores. Embora convenientes (por exemplo, um médico pode afinar remotamente o pacemaker de um paciente), estes dispositivos são também vulneráveis a ameaças à segurança.

Um dispositivo mal fixado pode ser explorado para interferir com os cuidados médicos de um paciente. É uma ocorrência extremamente rara, embora deva ser considerada no desenvolvimento de uma estratégia para a fixação de dispositivos IoT.

Ameaças aos outros

- Os dispositivos IOT inseguros são vulneráveis a serem desviados e utilizados numa rede botânica - uma colecção de dispositivos ligados à Internet, possivelmente numerados em milhões, controlados a partir de um local remoto.

- Para os perpetradores, descobrir dispositivos desprotegidos não é difícil e pode ser facilmente alcançado através da execução de scripts ou ferramentas amplamente disponíveis. Isto é melhor exemplificado pela existência de Shodan, um motor de busca publicamente disponível feito para a descoberta de tais dispositivos.

- À medida que os dispositivos IoT se tornaram mais sofisticados, as ameaças que representam também se tornaram mais sofisticadas. Isto manifestou-se em todo o tipo de ataques cibernéticos, incluindo campanhas generalizadas de spam e phishing, bem como ataques DDoS. Estes últimos têm vindo a aumentar de tamanho nos últimos anos, principalmente devido à maior disponibilidade de dispositivos IoT sob protecção.

• Um exemplo proeminente desta tendência ocorreu em 2016, quando um lançamento público do malware Mirai levou os perpetradores a criar enormes redes de bots IoT e a utilizá-las para ataques DDoS.

• Isto levou a uma onda de ataques sem precedentes, os mais notórios dos quais derrubaram os serviços Dyn DNS, cortando o acesso a alguns dos domínios mais populares do mundo, incluindo Etsy, GitHub, Netflix, Spotify e Twitter.

• O malware em si era um script relativamente simples que fazia o scan das portas de acesso remoto abertas e tentava obter acesso usando uma pequena lista de credenciais de login comummente utilizadas (por exemplo, admin/admin).

• Ainda assim, as medidas de segurança de LPC sem brilho tornaram estas tácticas simples extremamente bem sucedidas. Na palavra da alegada autora de Mirai malware, Anna-Senpai: "Com Mirai, normalmente tiro no máximo 380K bots apenas da telnet".

Gestão da segurança da Internet das Coisas:
• O grande volume de dispositivos da Internet das Coisas faz da sua segurança uma prioridade elevada e é crucial para o bem-estar futuro do ecossistema da Internet.

• Para os utilizadores do dispositivo, isto significa respeitar as melhores práticas básicas de segurança, tais como alterar as palavras-passe de segurança padrão e bloquear o acesso remoto desnecessário (por exemplo, quando não é necessário para a funcionalidade de um dispositivo).

• Os vendedores e fabricantes de dispositivos, por outro lado, deveriam adoptar uma abordagem mais ampla e investir fortemente na segurança das ferramentas de gestão da IdC. As medidas que devem ser tomadas incluem:

1. Notificar proactivamente os utilizadores sobre dispositivos a executar versões desactualizadas de software/OS.

2. Aplicação da gestão inteligente de senhas (por exemplo, alterações obrigatórias de senhas por defeito).

3. Desactivar o acesso remoto a um dispositivo, a menos que seja necessário para funções centrais.

4. Introduzindo uma política rigorosa de controlo de acesso para as APIs.

5. Proteger os centros C&C das tentativas de compromisso e dos ataques DDoS.

• A Imperva cloud WAF ajuda os fabricantes de IoT a proteger os seus centros de C&C, fornecendo serviços de filtragem de tráfego de ponta que asseguram que apenas os pedidos autorizados e autenticados de clientes podem chegar às suas APIs.

• Combinando serviços WAF líderes da indústria e soluções de mitigação DDoS, a Imperva cloud WAF é capaz de proteger os seus utilizadores contra todas as ameaças online e lidar eficazmente com multi-versão a partir de diferentes dispositivos.

• Para maior fiabilidade, o serviço está também equipado com características de balanceamento de carga e failover que ajudam os operadores a lidar com picos de tráfego orgânicos, tais como o tipo que pode ocorrer após o lançamento de um novo patch de firmware.

3.3.1 Quadro de Segurança IOT:
• Os quadros de segurança do IOT são conjuntos de documentos que descrevem orientações,

normas e melhores práticas concebidas para a gestão dos riscos de segurança do IOT. As estruturas existem para reduzir a exposição de uma organização a fraquezas e vulnerabilidades que os hackers e outros cibercriminosos podem explorar.

* A palavra "enquadramento" faz parecer que o termo se refere a hardware, mas não é esse o caso. Não ajuda que a palavra "mainframe" exista, e a sua existência pode implicar que estamos a lidar com uma infra-estrutura tangível de servidores, armazenamento de dados, etc.

* Mas tal como uma estrutura no "mundo real" consiste numa estrutura que apoia um edifício ou outro objecto de grande dimensão, a estrutura de segurança do IOT fornece alicerces, estrutura, e apoio às metodologias e esforços de segurança de uma organização.

* Como estamos prestes a ver, estes quadros vêm em muitos tipos.

Quais são os tipos de Estruturas de Segurança IOT:

As estruturas dividem-se em três tipos, com base na função necessária.

Estruturas de Controlo

* Desenvolve uma estratégia básica para o departamento de segurança do IOT da organização
* Fornece um grupo de base de controlo de segurança
* Avalia o estado actual das infra-estruturas e da tecnologia
* Prioriza a implementação de controlos de segurança

Estruturas do Programa

* Avalia o estado actual do programa de segurança da organização
* Constrói um programa completo de ecurity IOT
* Mede a segurança do programa e a análise competitiva
* Facilita e simplifica a comunicação entre a equipa de segurança do IOT e os gestores/executivos

Estruturas de Risco

* Define os processos necessários para a avaliação e gestão dos riscos
* Estruturar um programa de segurança para gestão de risco
* Identifica, mede e quantifica os riscos de segurança da organização
* Dá prioridade às medidas e actividades de segurança adequadas

Porque é que precisamos de Estruturas de Segurança IOT:

* As estruturas de segurança do IOT removem algumas das adivinhações na segurança de bens digitais. As estruturas de segurança da IOT dão aos gestores de segurança da IOT uma forma fiável, padronizada e sistemática de mitigar o risco cibernético, independentemente da complexidade do ambiente.

* As estruturas de segurança do IOT ajudam as equipas a enfrentar os desafios de segurança do IOT, fornecendo um plano estratégico e bem pensado para proteger os seus dados, infra-estruturas, e sistemas de informação. As estruturas oferecem orientação, ajudando os líderes de segurança informática a gerir os riscos cibernéticos da sua organização de forma mais inteligente.

* As empresas podem adaptar e ajustar uma estrutura existente para satisfazer as suas próprias necessidades ou criar uma internamente. No entanto, esta última opção pode colocar desafios, uma vez que algumas empresas têm de adoptar quadros de segurança que cumpram os regulamentos comerciais

ou governamentais. As estruturas criadas em casa podem revelar-se insuficientes para satisfazer essas normas.

• Resumindo, espera-se cada vez mais que as empresas respeitem as práticas normais de segurança cibernética, e a utilização destas estruturas torna o cumprimento mais fácil e mais inteligente. O quadro adequado irá satisfazer as necessidades de muitas empresas de diferentes dimensões, independentemente de qual das inúmeras indústrias em que elas fazem parte.

• Os frameworks ajudam as empresas a seguir os procedimentos de segurança correctos, o que não só mantém a organização segura como fomenta a confiança dos consumidores. Os clientes têm menos reservas em fazer negócios online com empresas que seguem os protocolos de segurança estabelecidos, mantendo a sua informação financeira segura.

Boas Práticas do Quadro de Segurança do IOT:

Embora cada quadro seja diferente, certas melhores práticas são aplicáveis em toda a linha. Aqui, estamos a expandir nas cinco funções do NIST mencionadas anteriormente.

• Identificar

Para gerir os riscos de segurança dos seus bens, dados, capacidades e sistemas, uma empresa deve compreender plenamente estes ambientes e identificar potenciais pontos fracos.

• Proteger

As empresas devem criar e implementar salvaguardas apropriadas para diminuir ou limitar os efeitos de potenciais violações e eventos de cibersegurança.

• Detectar

As organizações devem pôr em marcha os procedimentos necessários para identificar incidentes de segurança cibernética o mais rapidamente possível.

• Responder

As empresas devem ser capazes de desenvolver planos de resposta adequados para conter os impactos de quaisquer eventos de segurança cibernética.

• Recuperar

As empresas devem criar e implementar procedimentos eficazes que restaurem quaisquer capacidades e serviços danificados por eventos de segurança cibernética.

3.3.2 API's seguras

O que é API:

• **As interfaces de programação de aplicações**, ou APIs, simplificam o desenvolvimento de software e a inovação, permitindo que as aplicações troquem dados e funcionalidades de forma fácil e segura.

Para que são utilizados os APIs?

• Uma API (Application Programming Interface) é um conjunto de funções que permite às aplicações aceder a dados e interagir com componentes de software externos, sistemas operativos, ou micro-serviços.

• Para simplificar, uma API fornece uma resposta do utilizador a um sistema e envia a resposta do sistema de volta a um utilizador.

Porque é que a segurança API é importante?

• As empresas utilizam APIs para ligar serviços e para transferir dados. As APIs quebradas, expostas ou pirateadas estão por detrás de grandes quebras de dados.

• Expõem dados médicos, financeiros e pessoais sensíveis para consumo público. Dito isto, nem todos os dados são iguais nem devem ser protegidos da mesma forma.

• A forma como abordar a segurança API dependerá do tipo de dados que estão a ser transferidos.

• Se o seu API se ligar a uma aplicação de terceiros, compreenda como é que essa aplicação está a divertir a informação de volta à Internet.

• Para usar o exemplo acima, talvez não se importe se alguém descobrir o que está no seu frigorífico, mas se usar esse mesmo API para localizar a sua localização, poderá ficar mais preocupado.

O que é a segurança API da web? Segurança REST API vs. segurança SOAP API.

• A segurança de APIs da Web preocupa-se com a transferência de dados através de APIs que estão ligados à Internet. OAuth (Open Authorization) é o padrão aberto para delegação de acesso.

• Permite aos utilizadores dar acesso a recursos web a terceiros sem terem de partilhar palavras-passe. OAuth é o padrão tecnológico que lhe permite partilhar esse vídeo de compilação do "Flop do Ventre Corgi" nas suas redes sociais com um único botão "partilhar".

• A maioria das implementações de API são REST (Representational State Transfer) ou SOAP (Simple Object Access Protocol).

• As APIs REST utilizam HTTP e suportam encriptação TLS (Transport Layer Security). TLS é um padrão que mantém uma ligação à Internet privada e verifica se os dados enviados entre dois sistemas (um servidor e um servidor, ou um servidor e um cliente) estão encriptados e não modificados.

• Isto significa que um hacker que tenta expor as informações do seu cartão de crédito de um website de compras não pode ler os seus dados nem modificá-los.

• Sabe se um website está protegido com TLS se o URL começar com "HTTPS" (Hyper Text Transfer Protocol Secure).

• As APIs REST também utilizam a notação de objectos JavaScript (JSON), que é um formato de ficheiro que facilita a transferência de dados através de navegadores web.

• Ao utilizar HTTP e JSON, as APIs REST não precisam de armazenar ou reembalar dados, tornando-os muito mais rápidos do que as APIs SOAP.

• As APIs SOAP utilizam protocolos internos conhecidos como Web Services Security (WS Security). Estes protocolos definem um conjunto de regras que é orientado pela confidencialidade e autenticação.

• Os API SOAP apoiam normas estabelecidas pelos dois principais organismos internacionais de normalização, a Organização para o Avanço de Normas de Informação Estruturada (OASIS) e o World Wide Web Consortium (W3C).

• Utilizam uma combinação de encriptação XML, assinaturas XML, e fichas SAML para verificar a autenticação e autorização.

- Em geral, os API SOAP são elogiados por terem medidas de segurança mais abrangentes, mas também precisam de mais gestão. Por estas razões, os SOAP APIs são recomendados para organizações que lidam com dados sensíveis.

Quais são algumas das melhores práticas de segurança API mais comuns?

Provavelmente não guarda as suas poupanças debaixo do colchão. A maioria das pessoas deposita o seu dinheiro num ambiente de confiança (o banco) e utiliza métodos separados para autorizar e autenticar os pagamentos. A segurança API é semelhante. Necessita de um ambiente de confiança com políticas de autenticação e autorização.

Aqui estão algumas das formas mais comuns para reforçar a sua segurança API:

- **Usar fichas**. Estabelecer identidades de confiança e depois controlar o acesso a serviços e recursos utilizando os tokens atribuídos a essas identidades.

- **Utilizar encriptação e assinaturas**. Encripte os seus dados usando um método como TLS(ver acima). Exija assinaturas para assegurar que os utilizadores certos estão a decifrar e a modificar os seus dados, e mais ninguém.

- **Identificar as vulnerabilidades**. Acompanhar o seu sistema operativo, rede, drivers e componentes API. Saiba como tudo funciona em conjunto e identifique pontos fracos que possam ser utilizados para invadir as suas APIs. Usar sniffers para detectar problemas de segurança e rastrear fugas de dados.

- **Utilizar quotas e estrangulamento**. Coloque quotas sobre a frequência com que o seu API pode ser chamado e acompanhe a sua utilização ao longo da história. Mais chamadas a um API podem indicar que está a ser utilizado abusivamente. Também pode ser um erro de programação, tal como chamar o API num loop infinito. Estabeleça regras de estrangulamento para proteger o seu API de picos e ataques de Negação de Serviço.

- **Utilizar um gateway API**. Os gateways API funcionam como o principal ponto de aplicação para o tráfego API. Um bom gateway permitirá autenticar o tráfego, bem como controlar e analisar a forma como os seus APIs são utilizados.

Gestão e segurança de API
- Finalmente, a segurança API resume-se muitas vezes a uma boa gestão API. Muitas plataformas de gestão de API suportam três tipos de esquemas de segurança. Estes são:

- **Uma chave API** que é uma única cadeia de caracteres (ou seja, um pequeno dispositivo de hardware que fornece informação de autenticação única).

- **Autenticação Básica** (APP ID / Chave APP) que é uma solução de duas cadeias de símbolos (i.e. nome de utilizador e palavra-passe).

- **OpenID Connect** (OIDC) que é uma camada de identidade simples no topo da popular estrutura OAuth (ou seja, verifica o utilizador através da obtenção de informação básica do perfil e utilizando um servidor de autenticação).

Quando selecciona um gestor de API sabe quais e quantos destes esquemas de segurança pode tratar, e tem um plano de como pode incorporar as práticas de segurança API delineadas acima.

3.3.3 Criptografia em IOT:
Criptografia:

A criptografia é o estudo de técnicas de comunicação seguras que permitem que apenas o remetente e o destinatário pretendido de uma mensagem possa ver o seu conteúdo. O termo é derivado da palavra grega kryptos, que significa oculto.

• A encriptação em geral é uma melhor prática de segurança, e isso aplica-se aos casos de utilização da Internet sem fios para encriptar dados em trânsito do dispositivo para a parte de trás e em repouso.

• Deve ser utilizado em todo o lado, porque quanto mais se pode encriptar dados, mais protecção se oferece".

Desafios com a segurança da IOT:

• Qualquer dispositivo electrónico que contenha dados pode ser comprometido, independentemente de estar ou não ligado à Internet. Um mau actor pode roubar um computador portátil e invadir os ficheiros que detém, por exemplo.

• Mas o risco de acesso não autorizado a dispositivos electrónicos e aos dados que contêm disparam assim que esses dispositivos se ligam à Internet.

• A IdC expande significativamente esse risco de acesso não autorizado simplesmente devido ao enorme número de dispositivos ligados à Internet.

• Esse número é espantoso. A IoT Analytics, uma empresa de pesquisa de mercado, calculou o número de pontos finais activos no mundo em 2021 em 12,3 mil milhões; prevê mais de 27 mil milhões de ligações IoT até 2025.

• Entretanto, os investigadores da IDC prevêem que haverá 55,7 mil milhões de dispositivos ligados no mundo até 2025, com 75% deles ligados a uma plataforma IoT. Estimam ainda que esses dispositivos IoT irão gerar 73,1 zettabytes de dados até 2025, contra 18,3 zettabytes em 2019.

• Esse volume maciço não é o único desafio de segurança.

• As implantações da Internet de alta velocidade também aumentam os riscos de hacking porque os seus dados existem em diferentes locais: em dispositivos endpoint, em gateways e em servidores centralizados, bem como em trânsito entre todos esses pontos. A minimização desses riscos é onde entra a criptografia.

Onde aplicar a criptografia na IOT:

• A criptografia pode ser utilizada em várias áreas de uma implantação de uma LPC.

• As organizações podem utilizar a criptografia para assegurar os canais de comunicação. Por exemplo, os criadores podem utilizar o protocolo criptográfico Transport Layer Security para comunicações seguras.

• Podem também utilizar a criptografia para encriptar e desencriptar os dados dentro do ecossistema IoT, utilizando uma das várias opções disponíveis.

• Opções incluindo algoritmos de encriptação de chave única ou simétrica, tais como o Padrão Avançado de Encriptação (AES), infra-estrutura de chave pública (PKI) ou algoritmos de encriptação de chave assimétrica, tais como o algoritmo Rivest-Shamir-Adleman e o algoritmo de assinatura digital.

Adopção de criptografia em casos de utilização da Internet de alta velocidade:

• Os peritos e analistas de segurança não tinham números disponíveis sobre a utilização de criptografia em ambientes de IOT, mas disseram que a sua utilização parece estar a aumentar.

• "Está a ser usado mais do que era, mas não tenho a certeza se está a ser usado tanto quanto deveria", disse Pittman. "Todos os dispositivos modernos vêm com a capacidade de facilitar a encriptação nativamente.

• Já não é algo que se tenha de colocar em dispositivos, pelo que a sua implementação é trivial em comparação com o que era apenas há cinco anos atrás".

• Ainda assim, os peritos disseram que muitas organizações não estão a utilizar a criptografia para assegurar as suas implantações de IdC.

• Disseram que ouvem os líderes de TI e os gestores da IdC darem razões diferentes para renunciar à criptografia.

• Por exemplo, alguns administradores de TI não empregam capacidades de criptografia porque bloqueia a visibilidade, dificultando a análise e resolução de problemas de rede.

• Outros optam por não o utilizar porque acreditam que geri-lo ou configurá-lo está para além da sua perícia existente e da sua capacidade de pagar pelas competências necessárias.

• Algumas organizações decidem utilizar a criptografia para proteger apenas parte do seu ambiente IoT, tais como encriptação de dados em repouso.

• Alguns peritos contrariaram essas razões, dizendo que os benefícios da criptografia ultrapassam os seus desafios.

• "A segurança é muitas vezes um centro de custos e um pensamento posterior", disse Fox. "Mas a utilização da criptografia pode ser uma vitória rápida quando se quer persuadir as pessoas [do seu valor]".

3.3.4 Autenticação:

• É necessária uma forte autenticação do dispositivo IoT para assegurar que os dispositivos ligados na LIB são o que se pretende que sejam.

• Consequentemente, cada dispositivo IoT necessita de uma identidade única que possa ser autenticada quando o dispositivo tenta ligar-se a um gateway ou servidor central.

• **Como é efectuada a autenticação de dispositivos numa LIBE?**

o Dependendo do dispositivo IoT e do seu papel na rede, os administradores de TI podem utilizar outros métodos de autenticação de software, tais como certificados digitais, controlo de acesso baseado na organização e autenticação distribuída através do protocolo Message Queuing Telemetry Transport (MQTT).

• **Qual é a diferença entre autenticação e autorização da IdC?**

o Qual é a diferença entre autenticação e autorização da IdC? A autenticação é o processo de identificação do dispositivo, e a autorização fornece as permissões. A autenticação proporciona uma ligação indiscutível, e a autorização é o processo de escrita de identificação.

3.4.IOT-Identidade e Gestão de Acesso:

Com a Internet das Coisas (IoT) e um rápido aumento dos dispositivos conectados, a falta de um IAM adequado é uma grande preocupação. Deixa os dispositivos abertos ao roubo de identidade, encriptação e partes não autorizadas a tomar o controlo de dispositivos inteligentes como equipamento médico.

• A identidade do dispositivo IoT é um componente crítico da segurança do IoT para dispositivos conectados. Dispositivos IoT não seguros põem em risco ecossistemas inteiros.

• O aprovisionamento e depois a gestão das identidades dos dispositivos ao longo da sua vida protege contra ameaças de segurança cibernéticas maliciosas.

• Disponibilização e segurança de identidades de dispositivos com uma plataforma baseada em PKI, construída propositadamente para uma segurança excepcional.

• A Plataforma de Identidade da IdC é uma arquitectura de identidade digital concebida e construída para as especificações exigentes e evolutivas da IdC e da IdC.

• Protege dispositivos IoT, dados e comunicações do chip à nuvem através de encriptação, autenticação e autorização. É:

• É uma plataforma baseada em infra-estruturas de chave pública (PKI)

• Proporciona uma segurança encriptada excepcional

• As disposições garantem certificados digitais apoiados pela GlobalSign Certificate Authority (CA)

• Ao aproveitar a PKI baseada em normas para autenticar e estabelecer a confiança entre dispositivos e serviços (ou seja, plataformas de nuvem), garantimos a integridade, a fonte e a encriptação de todos os dados transmitidos dentro de um ecossistema.

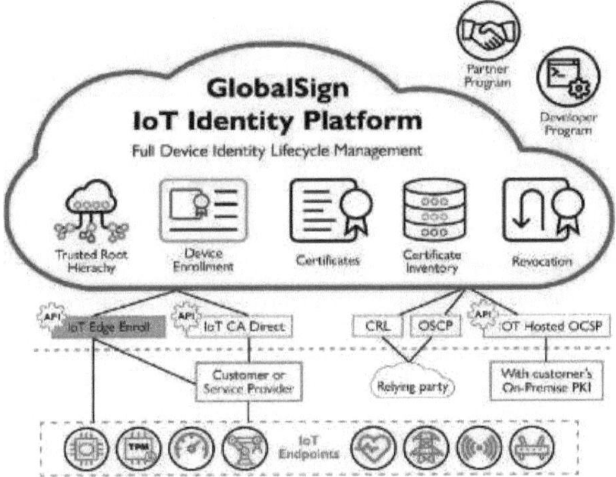

Gestão de Acesso no IOT:

• O controlo de acesso é um conjunto de permissões para uma câmara ligada (ou qualquer Dispositivo IoT) que especifica quais os utilizadores a quem é concedido acesso e as operações que estão autorizados a realizar.

*   Cada entrada numa Lista de Controlo de Acesso (ACL) especifica uma câmara, um utilizador, e um nível de acesso associado.

Papel da gestão do acesso:

*   A gestão do acesso é responsável pelo **tratamento dos pedidos de acesso dos utilizadores**. Este processo envolve o controlo de nome de utilizador e senha, mas também inclui a criação de grupos ou funções com privilégios de acesso definidos, e depois o controlo de acesso através da definição de membro de grupo.

3.5.Monitorização de Segurança no IOT:

as preocupações com a segurança precisam de ser monitorizadas relacionadas com a IdC?

1.   Controlo de acesso incorrecto

*   Os serviços oferecidos por um dispositivo IoT só devem ser acessíveis pelo proprietário e pelas pessoas no seu ambiente imediato em quem confiam.

*   Contudo, isto é muitas vezes insuficientemente aplicado pelo sistema de segurança de um dispositivo.

*   Os dispositivos IoT podem confiar na rede local a um nível tal que não seja necessária mais autenticação ou autorização. Qualquer outro dispositivo que esteja ligado à mesma rede é também de confiança.

*   Isto é especialmente um problema quando o dispositivo está ligado à Internet: todos no mundo podem agora potencialmente aceder à funcionalidade oferecida pelo dispositivo.

*   Um problema comum é que todos os dispositivos do mesmo modelo são entregues com a mesma senha padrão (por exemplo, "admin" ou "password123"). O firmware e as configurações por defeito são normalmente idênticos para todos os dispositivos do mesmo modelo.

*   Uma vez que as credenciais do dispositivo - partindo do princípio que, como é frequentemente o caso, não são alteradas pelo utilizador - são do conhecimento público, podem ser utilizadas para obter acesso a todos os dispositivos dessa série.

*   Os dispositivos IoT têm frequentemente uma única conta ou nível de privilégio, tanto expostos ao utilizador como internamente.

- Isto significa que, quando este privilégio é obtido, não há mais controlo de acesso. Este nível único de protecção não protege contra várias vulnerabilidades.

2. Superfície de ataque demasiado grande

- Cada ligação que pode ser feita a um sistema proporciona um novo conjunto de oportunidades para um atacante descobrir e explorar vulnerabilidades.

- Quanto mais serviços um dispositivo oferece através da Internet, mais serviços podem ser atacados. Isto é conhecido como a superfície de ataque.

- A redução da superfície de ataque é um dos primeiros passos no processo de fixação de um sistema.

- Um dispositivo pode ter portos abertos com serviços em funcionamento que não são estritamente necessários para o seu funcionamento.

- Um ataque contra um serviço tão desnecessário poderia ser facilmente evitado se não se expusesse o serviço.

- Serviços como o Telnet, SSH ou uma interface de depuração podem desempenhar um papel importante durante o desenvolvimento, mas raramente são necessários na produção.

3. Software desactualizado

- À medida que as vulnerabilidades no software são descobertas e resolvidas, é importante distribuir a versão actualizada para proteger contra a vulnerabilidade.

- Isto significa que os dispositivos IoT devem ser enviados com software actualizado sem quaisquer vulnerabilidades conhecidas, e que devem ter a funcionalidade de actualização para corrigir quaisquer vulnerabilidades que se tornem conhecidas após a implementação do dispositivo.

- Por exemplo, o malware Linux.Darlloz foi descoberto pela primeira vez no final de 2013 e funcionou explorando um bug reportado e corrigido mais de um ano antes.

4. Falta de encriptação

- Quando um dispositivo comunica em texto simples, todas as informações trocadas com um dispositivo cliente ou serviço backend podem ser obtidas por um "Man-in-the-Middle" (MitM).

- Qualquer pessoa que seja capaz de obter uma posição no caminho da rede entre um dispositivo e o seu ponto final pode inspeccionar o tráfego da rede e potencialmente obter dados sensíveis tais como as credenciais de login.

- Um problema típico nesta categoria é a utilização de uma versão de texto simples de um protocolo (por exemplo, HTTP) onde está disponível uma versão encriptada (HTTPS). Um ataque Man-in-the-Middle onde o atacante acede secretamente, e depois retransmite comunicações, possivelmente alterando esta comunicação, sem que nenhuma das partes esteja ciente.

- Mesmo quando os dados são encriptados, podem existir pontos fracos se a encriptação não estiver completa ou configurada incorrectamente. Por exemplo, um dispositivo pode falhar na verificação da autenticidade da outra parte. Mesmo que a ligação seja encriptada, pode ser interceptada por um atacante do tipo Man-in-the-Middle.

- Os dados sensíveis que são armazenados num dispositivo (em repouso) também devem ser protegidos por encriptação. Os pontos fracos típicos são a falta de encriptação através do armazenamento de fichas API ou credenciais em texto simples num dispositivo. Outros problemas são a utilização de algoritmos criptográficos fracos ou a utilização de algoritmos criptográficos de formas não intencionais.

5.   Vulnerabilidades de aplicação

•   Reconhecer que o software contém vulnerabilidades é, em primeiro lugar, um passo importante na segurança de dispositivos IoT.

•   Os bugs de software podem tornar possível acionar funcionalidades no dispositivo que não foram pretendidas pelos programadores.

•   Em alguns casos, isto pode fazer com que o atacante execute o seu próprio código no dispositivo, tornando possível extrair informações sensíveis ou atacar outras partes.

•   Como todos os bugs de software, as vulnerabilidades de segurança são impossíveis de evitar completamente quando se desenvolve software.

•   No entanto, existem métodos para evitar vulnerabilidades bem conhecidas ou reduzir a possibilidade de vulnerabilidades.

•   Isto inclui as melhores práticas para evitar vulnerabilidades de aplicação, tais como a validação consistente de entradas.

6.   Falta de um ambiente de execução de confiança

•   A maioria dos dispositivos IoT são efectivamente computadores de uso geral que podem executar software específico.

•   Isto torna possível aos atacantes instalarem o seu próprio software que tem uma funcionalidade que não faz parte do funcionamento normal do dispositivo.

•   Por exemplo, um atacante pode instalar software que execute um ataque DDoS.

•   Ao limitar a funcionalidade do dispositivo e do software que pode executar, as possibilidades de abuso do dispositivo são limitadas.

•   Por exemplo, o dispositivo pode ser restringido para se ligar apenas ao serviço de nuvem do fornecedor. Esta restrição torná-lo-ia ineficaz num ataque DDoS, uma vez que já não pode ligar-se a hospedeiros alvo arbitrários.

•   Para limitar o software que um dispositivo pode executar, o código é tipicamente assinado com um hash criptográfico. Uma vez que só o fornecedor tem a chave para assinar o software, o dispositivo só executará software distribuído pelo fornecedor.

•   Desta forma, um atacante já não pode executar um código arbitrário num dispositivo.

•   Para restringir totalmente o código executado no dispositivo, a assinatura do código também deve ser implementada no processo de arranque, com a ajuda de hardware.

•   Isto pode ser difícil de implementar correctamente.

•   Os chamados 'jailbreaks' em dispositivos como o Apple iPhone, Microsoft Xbox e Nintendo Switch são o resultado de erros na implementação de ambientes de execução de confiança.

7.   Postura de segurança do fornecedor

• Quando são encontradas vulnerabilidades de segurança, a reacção do fornecedor determina grandemente o impacto.

• O fornecedor tem um papel a desempenhar para receber informações sobre potenciais vulnerabilidades, desenvolver uma mitigação, e actualizar dispositivos no terreno.

• A postura de segurança do vendedor é muitas vezes determinada pela existência ou não de um processo para lidar adequadamente com as questões de segurança.

• O consumidor percebe principalmente a postura de segurança do vendedor como uma melhor comunicação com o vendedor em relação à segurança.

• Quando um fornecedor não fornece informações de contacto ou instruções sobre como agir em caso de notificação de um problema de segurança, é provável que não ajude a mitigar o problema.

• Sem conhecimento de limitações, os utilizadores finais continuarão a utilizar o dispositivo no método pretendido. Isto pode resultar num ambiente menos seguro.

• Os vendedores podem facilitar as coisas aos clientes aconselhando a frequência da segurança dos dispositivos

actualizações, e como eliminar ou revender com segurança o dispositivo para que os dados sensíveis não sejam passados adiante.

8. Protecção insuficiente da privacidade

• Os dispositivos de consumo normalmente armazenam informação sensível. Dispositivos que são implantados num sistema sem fios

rede armazenar a palavra-passe dessa rede.

• As câmaras podem fornecer uma gravação vídeo e áudio da casa em que estão instaladas.

• Se esta informação fosse acedida por atacantes, constituiria uma grave violação da privacidade.

• Os dispositivos IoT e serviços relacionados devem tratar a informação sensível de forma correcta, segura e apenas após o consentimento do utilizador final do dispositivo.

• Isto aplica-se tanto ao armazenamento como à distribuição de informação sensível.

• Em caso de protecção da privacidade, o vendedor desempenha um papel importante. Para além de um atacante externo, o vendedor ou uma parte afiliada pode ser responsável por uma violação da privacidade.

• O fornecedor ou prestador de serviços de um dispositivo IoT poderia, sem consentimento explícito, recolher informações sobre o comportamento dos consumidores para fins como estudos de mercado.

• São conhecidos vários casos em que dispositivos IoT, por exemplo televisões inteligentes, podem estar a ouvir conversas dentro de uma casa.

9. Ignorância da intrusão

• Quando um dispositivo é comprometido, muitas vezes continua a funcionar normalmente do ponto de vista do utilizador. Qualquer largura de banda adicional ou utilização de energia não é normalmente detectada.

• A maioria dos dispositivos não tem a funcionalidade de registo ou de alerta para notificar o utilizador de quaisquer problemas de segurança.

• Se o tiverem feito, estes podem ser substituídos ou desactivados quando o dispositivo é pirateado. O resultado é que os utilizadores raramente descobrem que o seu dispositivo está sob ataque ou foi comprometido, impedindo-os de tomar medidas atenuantes.

10. Segurança física insuficiente

• Se os atacantes tiverem acesso físico a um dispositivo, podem abrir o dispositivo e atacar o hardware. Por exemplo, ao ler directamente o conteúdo dos componentes da memória, qualquer software de protecção pode ser contornado. Além disso, o dispositivo pode ter contactos de depuração, acessíveis após a abertura do dispositivo, que proporcionam a um atacante possibilidades adicionais.

• Os ataques físicos têm um impacto num único dispositivo e requerem interacção física. Uma vez que não é possível realizar estes ataques en-masse a partir da Internet, não reconhecemos que este seja um dos maiores problemas de segurança, mas está no entanto incluído.

• Um ataque físico pode ter impacto se descobrir uma chave de dispositivo que é partilhada entre todos os dispositivos do mesmo modelo, comprometendo assim uma vasta gama de dispositivos. Contudo, nesse caso, consideramos a partilha da chave entre todos os dispositivos como sendo o problema mais importante, e não a segurança física.

11. Interacção do utilizador

• Os vendedores podem encorajar a implementação segura dos seus dispositivos, facilitando a sua configuração em segurança. Ao dar a devida atenção à usabilidade, concepção e documentação, os utilizadores podem ser incentivados a configurar configurações seguras.

• Existe uma sobreposição parcial entre esta categoria e outras categorias acima listadas. Por exemplo, o problema do controlo de acesso incorrecto acima mencionado inclui a utilização de palavras-passe inseguras ou por defeito. Uma maneira de resolver isto é tornar a interacção do utilizador com o dispositivo de tal forma que seja muito fácil ou mesmo obrigatório configurar uma palavra-passe segura.

• Para a maioria das categorias de segurança acima referidas, é difícil para um utilizador não técnico avaliar se um dispositivo cumpre o requisito. Contudo, a interacção do utilizador pode, por definição, ser percebida pelo utilizador final, e assim o consumidor pode avaliar o desempenho de um dispositivo na interacção do utilizador.

• A interacção dos utilizadores é uma categoria importante para garantir que as medidas de segurança implementadas são activadas e utilizadas correctamente. Se for possível alterar a password predefinida, mas o utilizador não souber ou não puder descobrir a funcionalidade, é inútil.

• **3.6. Configurações de gateway e rede seguras**

Segurança do portal de acesso à Internet (IoT Gateway Security):
• O portal IoT é basicamente uma ponte entre os **dispositivos com sensores** e a **nuvem.** As soluções de gateway IoT podem também oferecer capacidades locais de processamento e armazenamento.

• Além disso, os dispositivos de gateway podem controlar **dispositivos IoT implantados no campo com base nos** dados de entrada do sensor.

- Uma vez que um Edge Gateway está localizado entre a intranet local e a Internet externa, é um ponto crítico para a conectividade de rede.

- O gateway também tem maior poder de processamento do que os controladores de IoT implantados no campo (retroajustados com sensores).

- Isto implica que o portal tem um software superior que, por sua vez, é vulnerável para os hackers explorarem. Assim, é crucial que a porta de acesso esteja adequadamente protegida.

- A segurança de gateway IoT inclui a incorporação de elementos de segurança em múltiplas camadas. Vamos dar uma vista de olhos a estas em detalhe:

- Nível de hardware/software do dispositivo
- Nível PAN Bluetooth
- Segurança a nível WAN

Segurança de dispositivos IoT (nível de hardware/software de gateway):

As medidas de segurança de hardware e software para um dispositivo de gateway são semelhantes às dos dispositivos sensores IoT. Explicámos isto na parte 1 desta série de blogues; por isso, não entraremos aqui em detalhes.

Aqui está uma visão geral dos elementos de segurança da porta de ligação IoT a nível de hardware e software.

- Segurança física e segurança contra manipulação
- Bota e Raiz de Confiança Segura
- ASLR
- Faixa de guarda em OS
- TPM/HSM
- Segurança do chip
- Desactivar o acesso à depuração

Segurança ao nível da Rede de Área Pessoal Bluetooth (PAN)

No que diz respeito à segurança de nível PAN, há várias componentes de segurança que podem ser incorporadas no sistema:

- **Modelos de controlo de acesso - Os** modelos de controlo de acesso para um ambiente IoT são geralmente classificados de acordo com a base para o controlo de acesso. Assim, é possível ter controlo de acesso baseado no papel, controlo de utilização, controlo de acesso baseado no atributo, controlo de acesso baseado na capacidade ou modelos de controlo de acesso baseados na organização, para citar alguns. Estes modelos asseguram uma fácil identificação para permitir a execução de tarefas permitidas para a entidade/utilizador eac h.

- **Lista negra/lista branca de endereços MAC Bluetooth -** É possível criar uma lista de clientes sem fios negados/permitidos que podem ligar-se ao dispositivo com base nos seus endereços MAC. Os endereços MAC que estão incluídos na lista branca terão acesso ao dispositivo, e a todos os outros clientes será negado o acesso. Inversamente, os endereços MAC da lista negra não terão acesso ao dispositivo, enquanto todos os outros clientes têm acesso permitido.

- **Firmware Update Administration** - Sempre que houver uma actualização de firmware no dispositivo de gateway, deverá haver fortes mecanismos de autenticação. Idealmente, a actualização de firmware deve ser assinada criptograficamente, e a gateway deve ser capaz de verificar a assinatura antes do processo de actualização de firmware.

- **Registo e Utilização de Medidores** - Os dados da IdC podem ser efectivamente geridos e utilizados por organizações para gerar inteligência de segurança através da tecnologia de <u>Inteligência Artificial (IA)</u>. Os dados podem ser facilmente recolhidos, organizados e processados através de medidores de registo ou de utilização. Os registos de dispositivos fornecerão informações tais como ligações, erros e outros eventos do ciclo de vida. Os resultados obtidos a partir destes dados em bruto podem ser facilmente ilibados para reforçar a segurança do ecossistema da Internet de alta velocidade.

- **Controlo de emparelhamento/ligação - O emparelhamento BLE** é o processo em que as chaves temporárias serão encontradas e trocadas com um dispositivo Bluetooth. Esta chave temporária encripta a ligação e mantém-na durante um curto período de tempo. **A ligação BLE** refere-se ao estabelecimento de uma ligação a longo prazo com outro dispositivo. Os dispositivos teriam trocado chaves de encriptação de longo prazo e durante o processo de emparelhamento, estas chaves são utilizadas. Assim, os dispositivos não têm de gerar novas chaves de encriptação no momento de cada ligação.

A segurança Bluetooth dos dispositivos IoT abrange múltiplos modos de segurança e níveis de segurança. A segurança durante os processos de emparelhamento e colagem inclui três fases:

       o Fase 1 (Emparelhamento) - Intercâmbio de capacidades

o Fase 2 (Emparelhamento) - geração de chaves seguras

o Fase 3 (Bonding) - Distribuição de chaves específicas de transporte

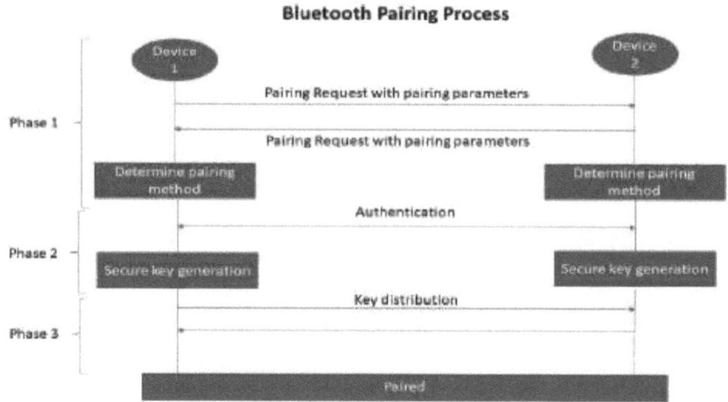

<u>**Segurança ao nível da Wide Area Network (WAN):**</u>

Os elementos de segurança do portal IoT ao nível da WAN incluem o seguinte:

- **Firewalls** - Um firewall IoT pode ser implantado na rede para proteger o sistema contra várias ameaças à segurança:

o **Ameaças de rede** - A firewall é capaz de prevenir violações de segurança DDoS e da camada de aplicação.

o **Abuso de serviço** - os dispositivos IoT (incluindo gateways) são protegidos de serem utilizados inesperadamente, sem autorização.

o **Ameaças de dispositivos** - A firewall assegura que os dispositivos da rede IoT estejam ligados apenas a locais conhecidos e seguros.

Normalmente, o administrador da rede configura a configuração da firewall definindo os endereços IP de destino, redes IP, protocolos de destino, portas ou nomes de host/domínio que são permitidos na rede.

- **Bloqueio de portas** - Em cada dispositivo IoT, desactivar as portas externas abertas pode proteger o hardware e os dados dentro. Ataques de segurança da Internet de alta velocidade, tais como fuzzing, buffer overflow, ataques DoS, etc., podem ser evitados desta forma.

- **Interface de Perímetro Definido por Software (SDP)** - O perímetro definido por software é um quadro de segurança que gere o acesso aos recursos da IdC com base na identidade. Funciona com base no princípio de esconder recursos cruciais dentro de uma nuvem opaca inacessível a pessoas de fora. Os activos escondidos podem também estar em instalações, numa rede perimetral, num servidor de centro de dados ou num servidor de aplicações. A interface SDP actua como um intermediário entre as aplicações protegidas e os utilizadores a quem é permitido o acesso no cumprimento dos critérios de validação. Essencialmente, o SDP forma um ecrã invisível que protege os componentes IoT contra ciberataques, malware e outras violações de segurança deste tipo.

A segurança do portal IoT (nível WAN) também pode ser verificada de várias outras formas. Isto inclui a manutenção de listas de controlo de acesso e listas negras/listas brancas de endereços MAC.

3.7.Funções e atributos de gestão:
Papel das Coisas na IOT:

- A Internet das Coisas (IoT) descreve a rede de objectos físicos - "coisas" - que estão incorporados com sensores, software, e outras tecnologias com o objectivo de ligar e trocar dados com outros dispositivos e sistemas através da Internet.

Quais são os atributos da IdC?

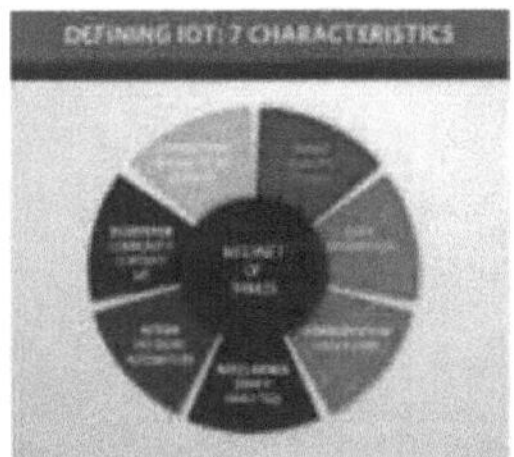

Existem 7 características cruciais da IdC:
- Conectividade. Isto não precisa de muitas mais explicações. ...
- Coisas. Qualquer coisa que possa ser etiquetada ou ligada como tal, tal como foi concebida para ser ligada. ...

- Dados. ...
- Comunicação. ...
- Inteligência. ...
- Acção. ...
- Ecossistema.

3.8.Ferramentas e Técnicas de Teste de Penetração de IoT:

Um teste de penetração da IdC é a avaliação e exploração de vários componentes presentes numa solução de dispositivo IdC para ajudar a tornar o dispositivo mais seguro. Estes são o aspecto típico de um teste de penetração.

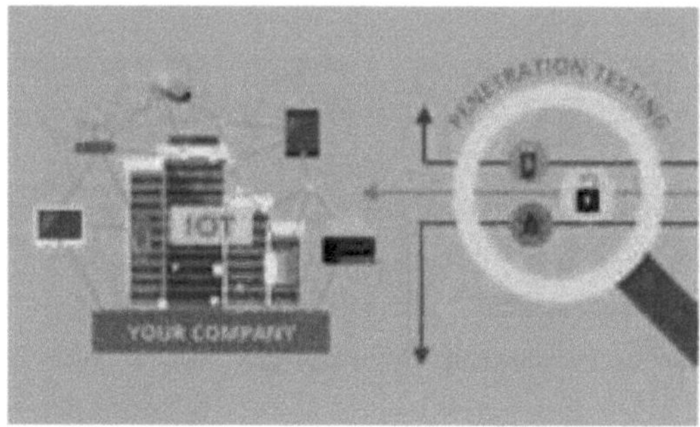

O que é PEN(Teste de Penetração)IOT:

- PENIOT é uma ferramenta de teste de penetração para dispositivos da Internet das Coisas (IoT). Ajuda-o a testar/penetrar os seus dispositivos, visando a sua conectividade à Internet com diferentes tipos de ataques de segurança.

- Por outras palavras, pode expor o seu dispositivo a ataques de segurança tanto activos como passivos. Depois de decidir o dispositivo alvo e a informação necessária (ou parâmetros) desse dispositivo, pode realizar ataques de segurança activa como alteração/consumo de recursos do sistema, reprodução de unidades de comunicação válidas e assim por diante. Além disso, pode realizar ataques de segurança passiva, tais como violação da confidencialidade de informações importantes ou chegar a análises de tráfego. Graças ao PENIOT, todas essas operações podem ser semi-automatizadas ou mesmo totalmente automatizadas. Em suma, o PENIOT é um pacote/quadro para visar dispositivos IoT com ataques de segurança baseados em protocolos.

- Além disso, dá-lhe uma estrutura de base para as suas novas injecções de novos ataques de segurança ou novos protocolos IoT.

- Uma das características mais importantes do PENIOT é ser extensível. Por defeito, tem vários protocolos IoT comuns e numerosos ataques de segurança relacionados com esses protocolos. Mas pode ser ainda mais alargado através da exportação de estrutura básica de componentes utilizados internamente para que possa desenvolver os seus ataques em harmonia com a estrutura interna do PENIOT.

Porque é necessário o PENIO:

- O paradigma IoT conheceu um crescimento imenso na última década, com milhares de milhões de dispositivos ligados à Internet.

- A maioria destes dispositivos carece mesmo de medidas básicas de segurança devido às suas limitações de capacidade e desenhos feitos sem segurança em mente, devido à falta de tempo de colocação no mercado.

• Devido à alta conectividade na IOT, ataques que têm efeitos devastadores em redes alargadas podem ser facilmente lançados por hackers através de dispositivos vulneráveis.

• Até agora, os testes de penetração eram feitos manualmente se não fossem ignorados de todo. Este procedimento tornava a fase de teste dos dispositivos muito lenta.

• Por outro lado, as empresas que produzem dispositivos IoT devem estar sempre actualizadas no teste dos seus dispositivos em termos de fiabilidade, robustez, bem como das funcionalidades fornecidas, uma vez que estar exposto a ataques de segurança por pessoas mal intencionadas poderia causar impactos inesperados nos utilizadores finais.

• O principal objectivo da PENIOT é acelerar o processo de testes de segurança. Permite-lhe descobrir falhas de segurança nos seus dispositivos IoT, automatizando a fase de testes de penetração demorada.

O que é que o PENIOT fornece:

• Em primeiro lugar, a PENIOT proporciona novidade. É um dos primeiros exemplos de ferramentas de teste de penetração no campo da IOT.

• Há apenas uma ou duas ferramentas semelhantes especializadas em IOT, mas ainda estão em fase de desenvolvimento, pelo que ainda não estão concluídas.

• Uma vez que o número de dispositivos IdC está a aumentar drasticamente, os dispositivos IdC tornam-se cada vez mais comuns na nossa vida quotidiana.

• Casas inteligentes, bicicletas inteligentes, sensores médicos, rastreadores de fitness, fechaduras inteligentes e fábricas ligadas são apenas alguns exemplos de produtos IoT. Tendo isto em conta, sentimos a necessidade de escolher alguns dos protocolos de LPC mais comummente utilizados para plantar em PENIOT por defeito. Escolhemos os seguintes protcols como os protocolos padrão de IoT incluídos no PENIOT.

• Estes protocolos IoT são testados com vários tipos de ataques de segurança tais como DoS, Fuzzing, Sniffing e Replay attacks.

Os protocolos seguintes são actualmente suportados:
• Protocolo avançado de enfileiramento de mensagens (AMQP)
• Bluetooth de baixa energia (BLE)
• Protocolo de Aplicação de Restrições (CoAP)
• Transporte de Telemetria de Mensagens em Fila de Espera (MQTT)

• Além disso, permite-lhe exportar a estrutura principal interna do seu próprio protocolo implementado e ataques para implementar os seus próprios protocolos ou ataques. Além disso, pode estender protocolos já existentes com os seus ataques recentemente implementados.

• E por último, proporciona uma interface gráfica de utilizador fácil de utilizar e de fácil utilização.

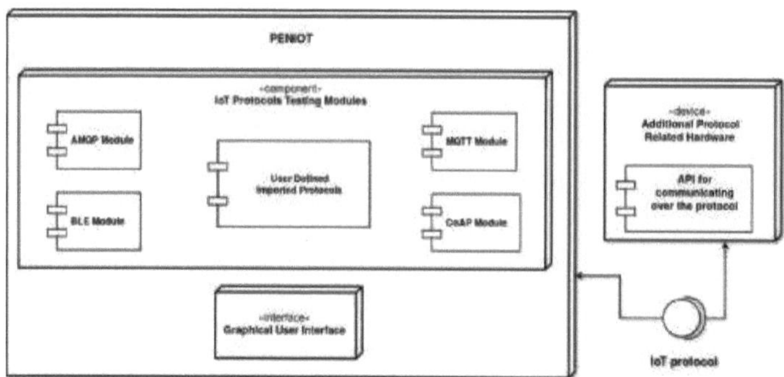

Testes:

A maioria dos ataques tem as suas próprias amostras de testes de integração sob os seus guiões de ataque. Para executar esses testes, é necessário ter um programa de execução para o protocolo alvo. Tentamos fornecer-lhe programas de exemplo para cada protocolo onde se podem encontrar scripts de servidor/cliente sob o directório de **exemplos de** cada protocolo.

24 Ferramentas Essenciais de Teste de Penetração em 2020

Os testes de penetração tornaram-se uma parte essencial do processo de verificação de segurança. Embora seja óptimo que existam muitas ferramentas de teste de penetração à escolha, com tantas que desempenham funções semelhantes, pode tornar-se confuso quais as ferramentas que lhe proporcionam o melhor valor para o seu tempo.

Vamos rever algumas das melhores ferramentas de pentesting disponíveis hoje em dia para os pentesters e organizá-las por categoria.

Maneiras de utilizar as ferramentas de teste de penetração da melhor forma

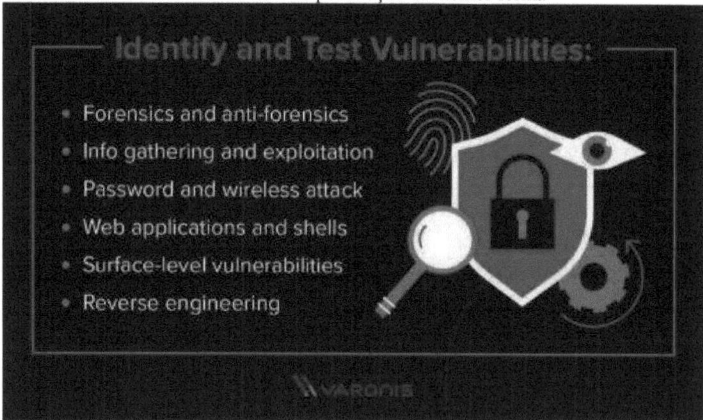

Embora as ferramentas de pentesting sejam geralmente utilizadas no contexto de uma avaliação de segurança maior de uma rede ou serviço, **não há nada** que impeça os **administradores de sistemas** ou os programadores de utilizarem exactamente as mesmas ferramentas para validar a força do seu próprio trabalho.

1. Powershell-Suite

- O PowerShell-suite é uma colecção de scripts PowerShell que extrai informação sobre os cabos, processos, DLLs, e muitos outros aspectos das máquinas Windows. Através da elaboração conjunta de scripts de tarefas específicas, é possível navegar rapidamente e verificar quais os sistemas de uma rede que são vulneráveis à exploração.

- **Melhor Utilizado Para**: Tarefas facilmente automatizadas para descobrir bens fracos exploráveis numa rede.
- **Plataformas suportadas**: Windows

2. Zmap

- Zmap é um scanner de rede leve que é capaz de digitalizar tudo, desde uma rede doméstica até toda a Internet. Este scanner de rede gratuito é melhor utilizado para recolher detalhes de base sobre uma rede. Se tiver apenas um intervalo de IP a partir do qual se pode sair, use-o para obter rapidamente um lay of the land.

- **Melhor utilizado para a** recolha de informações e triagem inicial da paisagem de ataque.
- **Plataformas suportadas**: O Zmap é suportado em várias plataformas Linux e macOS

3. Xray

- Xray é uma excelente ferramenta de mapeamento de rede que utiliza a estrutura OSINT para ajudar a orientar as suas tácticas.

- Xray utiliza listas de palavras, pedidos DNS, e quaisquer chaves API para ajudar a identificar portas abertas numa rede a partir do exterior a olhar para dentro.
- **Melhor Utilizado Para**: Pentesters encarregados de obter acesso a uma rede sem ajuda
- **Plataformas suportadas**: Linux e Windows

4. SimplyEmail

- O SimplyEmail é uma ferramenta de reconhecimento de e-mail utilizada para ajudar a recolher informações associadas encontradas na Internet, com base no endereço de e-mail de alguém. O SimplyEmail baseia-se na solução de colheitadeira e trabalha para pesquisar na Internet quaisquer dados que possam ajudar a fornecer informações em torno de qualquer endereço de correio electrónico.

- **Melhor Utilizado Para** Pentesters que procuram criar listas de contas para compromissos de testes de empresas.
- **Plataformas suportadas**: Docker, Kali, Debian, Ubuntu, macOS

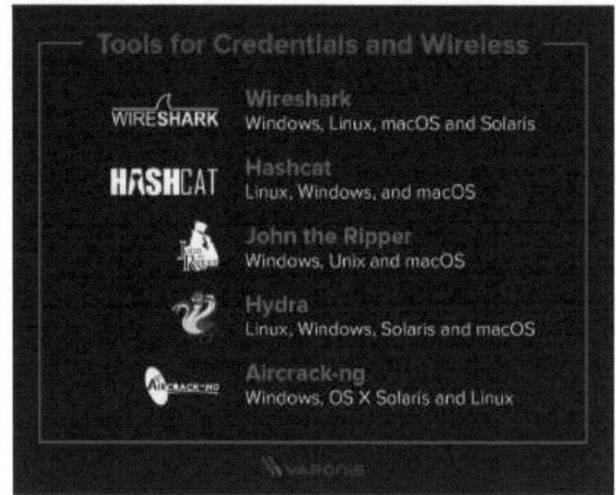

- Wireshark é provavelmente o analisador de protocolo de rede mais amplamente utilizado em todo o mundo. O tráfego de rede capturado via Wireshark pode mostrar quais os protocolos e sistemas ao vivo, quais as contas mais activas, e permitir que os atacantes interceptem dados sensíveis.
- Visibilidade da rede de nível **F ou de** nível profundo **mais usado** nas comunicações.
- **Plataformas suportadas**: Windows, Linux, macOS, Solaris

6. Hashcat

- Hashcat é uma das ferramentas de recuperação de senhas mais rápidas até à data. Ao descarregar a versão da Suite, tem acesso à ferramenta de recuperação de palavra-passe, um gerador de palavras, e um elemento de quebra de palavra-passe. Dicionário, combinação, força bruta, baseada em regras, caixa de alternância e ataques de palavra-passe híbrida são totalmente suportados. O melhor de tudo é que o hashcat tem uma grande comunidade online para ajudar a apoiar a ferramenta com patching, uma página WiKi, e walkthroughs.

- **Melhor Utilizado Para** Pentesters Up e próximos ou especialistas em recuperação de sistemas à procura da melhor ferramenta de recuperação de senhas para apostar um crédito no seu negócio.
- **Plataformas suportadas**: Linux, Windows, e macOS

7. John, o Estripador

- John the Ripper é a ferramenta original de cracking da senha. O seu único objectivo é encontrar palavras-passe fracas num determinado sistema e expô-las.
- John the Ripper é uma ferramenta de pentesting que pode ser utilizada tanto para uma perspectiva de segurança como para uma perspectiva de conformidade. John é famoso pela sua capacidade de expor rapidamente senhas fracas dentro de um curto espaço de tempo.
- **Melhor Utilizado Para**: Quebra de senha para novatos
- **Plataformas suportadas**: Windows, Unix, MacOS, Windows

8. Hidra

- Hydra é outra ferramenta de quebra de palavra-passe, mas com uma torção. Hydra é a única ferramenta de craqueamento de palavra-passe que suporta múltiplos protocolos e ligações paralelas de uma só vez.
- Esta característica permite a um testador de penetração tentar decifrar numerosas palavras-passe em diferentes sistemas ao mesmo tempo, sem perder a ligação se não for vencido.
- **Melhor Utilizado Para**: Quebra de senha para profissionais
- **Plataformas suportadas**: Linux, Windows, Solaris, macOS

9. Aircrack-ng

- Aircrack-ng é uma ferramenta de segurança de rede sem fios que é um pacote completo para testes de penetração. O Aircrack-ng tem quatro funções primárias que o tornam o mais destacado na sua classe; faz monitorização de pacotes de rede, ataque através de injecção de pacotes, teste de capacidades WiFi, e finalmente, quebra de palavra-passe.
- **Melhor Utilizado Para** utilizadores pesados da linha de comando que preferem rotear ataques ou medidas de defesa.
- **Plataformas suportadas**: Windows, OS X Solaris, Linux

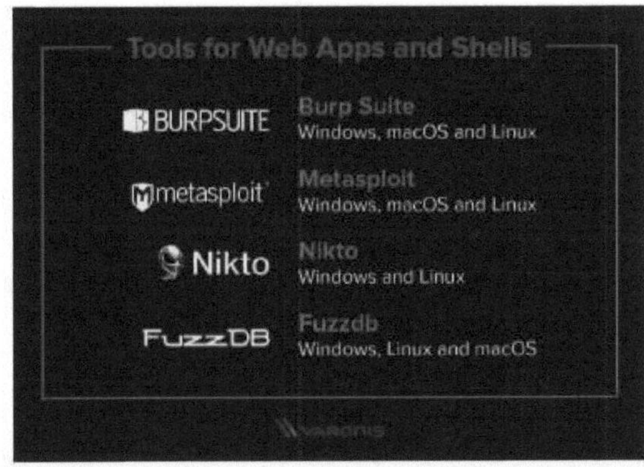

Suíte Burp

• Para aplicações web de pentesting, o Burp Suite é a sua ferramenta de trabalho. Incorporando não só
varrimento de vulnerabilidade, mas também serviços de captura e injecção de comandos totalmente
por procuração. Burps UI é totalmente optimizado para o profissional de trabalho com perfis
incorporados para lhe permitir guardar as suas configurações numa base por trabalho.

• Profissionais **mais utilizados F ou** Enterprise encarregados da segurança das aplicações

• **Plataformas suportadas**: Windows, macOS, e Linux

10. Metasploit

- Em comparação com Burp Suite, Metasploit começou como uma solução de código aberto e ganhou
alguma tracção ao longo dos anos. Algumas das tarefas que podem ser realizadas em Metasploit a
partir de uma perspectiva pentestestora incluem o varrimento da vulnerabilidade, a escuta, a
exploração de vulnerabilidades conhecidas, a recolha de provas, e a elaboração de relatórios de
projectos.

• **Melhor Utilizado Para** Pentesters que gerem várias empresas diferentes ao mesmo tempo ou que
tenham múltiplas aplicações a serem testadas.

• **Plataformas suportadas**: Windows, macOS, e Linux

12. Nikto

• Nikto é uma solução de digitalização de aplicações web de alto nível e orgulhosa. É de código
aberto e contém características como um scanner de servidor web, uma lista pré-embalada de ficheiros
potencialmente perigosos, e também um verificador de erros de configuração.

• Nikto não é furtivo, nem tenta ser; não tenta esconder a sua presença, mas fará o seu trabalho.

• **Melhor Utilizado Para** Pentesters Empresariais ou SOCs que têm a permissão total para
digitalizar sistemas num exercício do tipo purple team. Melhor utilizado para ajudar a construir a
monitorização em torno da actividade de digitalização dentro de um ambiente SOC.

• **Plataformas suportadas**: Windows e Linux

13. Fuzzdb

• Fuzzdb é um tipo especial de ferramenta de teste de penetração, uma vez que contém cargas úteis
de ataque pré-construídas para correr contra aplicações web para descobrir se as vulnerabilidades são
genuinamente exploráveis.

• Para além de poder simular padrões de ataque, o Fuzzdb pode executar varreduras de descoberta e
realizar
análise sobre as respostas recebidas destas varreduras para melhor restringir o foco dos locais onde
existem vulnerabilidades.

• **Melhor Utilizado Para** profissionais de Pentesting que são contratados para tentar explorar
vulnerabilidades.

• **Plataformas suportadas**: Windows, Linux, e macOS

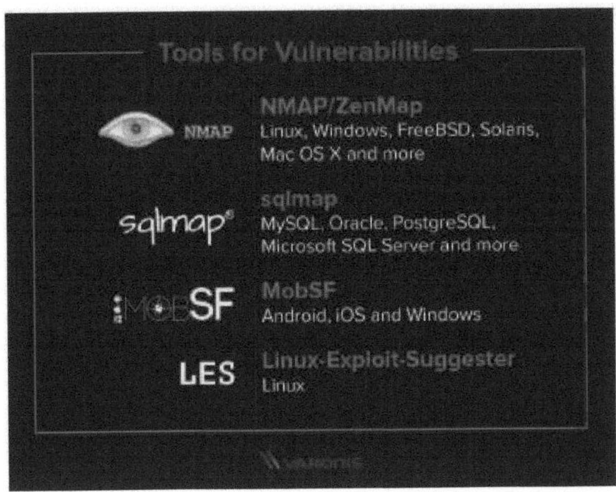

NMAP/ZenMap

• O NMAP é um melhor amigo dos pentesters. Esta ferramenta de mapeamento de segurança de rede dá-lhe uma visão rápida das portas abertas em qualquer rede. Os comandos NMAP permitem-lhe investigar a viabilidade de vulnerabilidades específicas ao nível da rede.

• O NMAP também tem uma interface GUI amigável chamada ZenMap que é fácil de usar para qualquer nível de habilidade. O NMAP também vem com uma ferramenta de depuração, uma ferramenta de comparação para comparar resultados de scan, e uma ferramenta de geração de pacotes também.

• **Melhor Utilizado Para**: Todos os pentesters ou profissionais de segurança de nível de perícia para validar e testar

gestão da vulnerabilidade.

• **Plataformas suportadas**: Linux, Microsoft Windows, FreeBSD, OpenBSD, Solaris, IRIX, Mac OS X, HP-UX, NetBSD, Sun OS, e Amiga

15. sqlmap

- O Sqlmap é uma ferramenta de penetração de código aberto que ajuda a trazer validade a possíveis falhas de injecção SQL que podem afectar os seus servidores de bases de dados. Esta ferramenta de teste automatizado vem com uma série de características detalhadas, incluindo impressões digitais de BD, comandos remotos, e o seu motor de detecção.

• **Mais bem utilizado pelos** peritos Pentesters, concentrando-se estritamente na exploração de bases de dados.

• **Plataformas suportadas**: MySQL, Oracle, PostgreSQL, Microsoft SQL Server, Microsoft Access, IBM DB2, SQLite, Firebird, Sybase e SAP MaxDB

16. MobSF

• Para a descoberta da vulnerabilidade da plataforma móvel, MobSF é a sua ferramenta. Esta ferramenta de hacking é uma plataforma tudo em uma para testes de caneta e descoberta de vulnerabilidades através de análise estática e dinâmica de aplicações. MobSF também tem APIs REST incorporadas para fornecer uma experiência integrada no seu pipeline de desenvolvimento. ModSF é, em última análise, um scanner de vulnerabilidade para aplicações móveis.

- **Melhor Utilizado F ou** Enterprise ou aplicação móvel individual vulnerável pentesting.
- **Plataformas suportadas**: Android, iOS, e Windows

17. Linux-Exploit-Suggester

- Linux-Exploit-Suggester é uma excelente ferramenta para testes de segurança em voo dos sistemas Linux sem lidar com a sobrecarga de um scanner de vulnerabilidades de carne. O LES foi criado para os administradores de sistemas terem uma rápida noção do sistema. Com base na sua compatibilidade leve, o LES é um excelente catálogo de vulnerabilidades para os pentesters que procuram obter uma visão rápida da configuração de um sistema, sem criar demasiado ruído através do consumo de recursos.

- **Melhor Utilizado Para**: Pentesters para encontrar rapidamente um hospedeiro potencial que seja vulnerável para começar a fazer uma exploração sem chamar demasiada atenção para si próprios.

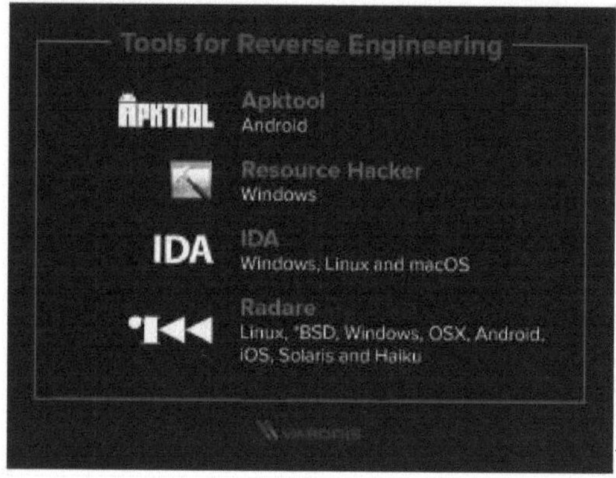

- **Plataformas suportadas**:

18. Apktool

- Apktool é para os Pentesters ou investigadores de segurança que estão a tentar inverter a engenharia malware para determinar uma forma de melhor protecção contra ele. O Apktool apenas suporta aplicações andróides de terceiros.

- O conjunto de características do Apktool inclui a possibilidade de desmontar e remontar à forma original, depurar e ajudar a automatizar tarefas repetitivas.

- **Melhor Utilizado Para** Pentesters que procuram criar uma carga útil personalizada específica para uma aplicação andróide de uma empresa ou investigadores de segurança que procuram encontrar uma solução para uma vulnerabilidade andróide conhecida.

  -Plataformas apoiadas: Android

19. Hacker de recursos

- **Melhor utilizado para** desmontagem de malware a nível profissional.
- **Plataformas suportadas**: Windows, Linux, macOS

21. Radare

- Finalmente, temos o Radare, que é uma das ferramentas de desmontagem mais amplamente aceites e versáteis disponíveis. Algumas das suas características incluem múltiplos sistemas operativos e suporte de sistemas operativos móveis, sistema de ficheiros forenses, capacidades de escultura de dados, e visualização de estruturas de dados.

- **Melhor Utilizado Para**: pentesters experientes que possuem um vasto conhecimento de múltiplas plataformas.
- **Plataformas suportadas**: Linux, *BSD, Windows, OSX, Android, iOS, Solaris e Haiku

22. Email ou Chat Software

- Se estiver disponível para si, a melhor forma de enviar dados comprometidos é através da conta que comprometeu em primeiro lugar.

- Na maioria das vezes, terá a possibilidade de utilizar a conta do utilizador para enviar mensagens de correio electrónico ou poderá tentar utilizar a solução de chat empresarial instalada para alcançar o mesmo resultado. Para os pentesters que tentam permanecer anónimos, esta é uma grande técnica desde que se limite o tamanho dos e-mails para que não seja detectada como uma anomalia por qualquer solução de DLP que possa estar a observar.

- **Melhor Utilizado Para**: Pentesters tentando permanecer anónimos e testar a detecção capacidades de quaisquer soluções DLP em vigor.
- **Plataformas suportadas**: Suportadas na maioria das OS

23. Srm

- Srm significa Secure remove, e elimina o incómodo, assegurando que um ficheiro é inteiramente removido de um sistema. Como pentester, Srm é óptimo para remover ficheiros temporários criados durante o acesso a um sistema, Se a sua intenção é encobrir os seus rastros, Srm é a ferramenta necessária para remover quaisquer ficheiros rootkit que possam ter sido utilizados durante o processo

- Resource Hacker é um editor de ficheiros específico do Windows que permite a qualquer pessoa descompilar um ficheiro do Windows e recompilá-lo posteriormente. O melhor desta ferramenta de engenharia inversa é que vem com uma interface GUI que facilita a aprendizagem e utilização por parte dos pentesters principiantes.

- Editor de ficheiros para ficheiros Windows **mais utilizado para** principiantes.

† **Plataformas suportadas**: Windows

20. IDA

- O IDA é o lenço de papel das ferramentas de desmontagem, uma vez que é amplamente apoiado e utilizado em testes de validação comercial. O IDA é interactivo como desmontador e como depurador, proporcionando-lhe assim uma solução completa como profissional. O melhor de tudo, suporta todos os principais tipos de sistemas operacionais.

de exploração.

• Srm remove e reescreve a localização dos dados para assegurar que todos os vestígios dos dados são completamente apagados do sistema. O melhor de tudo, é um programa de linha de comando que é rápido de configurar e utilizar.

• **Melhor Utilizado Para**: eliminação permanente de ficheiros, nem sequer o software forense pode recuperar.

• **Plataformas suportadas**: Unix e Windows

24. Peixe-gato

- O Catfish é uma ferramenta de pentesting que é utilizada por muitos para procurar rapidamente ficheiros específicos que tendem a conter dados sensíveis ou que podem fornecer-lhes acesso adicional (como um ficheiro com palavra-passe). O Catfish permite ao utilizador final explorar um sistema para quaisquer ficheiros que contenham uma determinada cadeia dentro do seu nome. É simples mas altamente eficaz no que faz.

• **Melhor Utilizado para a** pesquisa rápida de nomes de ficheiros numa máquina.

• **Plataformas suportadas**: SO baseado em Linux

A realização de testes de penetração é uma parte essencial da verificação de que os sistemas são seguros. A utilização das ferramentas certas de testes de penetração poupa tempo e ajuda a melhorar a sua postura geral de segurança.

UNIDADE 4

Visão geral da Privacidade em IoT

4.1 Desafios de privacidade introduzidos pela IoT

4.2 Avaliação do impacto na privacidade

4.3 Incorporar a privacidade na concepção e desenvolvimento

4.4 Transparência e confiança, modelos de confiança,

4.5 Engenharia de privacidade - princípios, controlo de conformidade,

4.6 Preservação da privacidade e divulgação de dados - para a IdC utilizada em edifícios inteligentes, protecção da privacidade em aplicações pessoais IdC,

4.7 quadro legal relevante para o complexo ecossistema da IdC e importância do consentimento informado.

4.1 Desafios à privacidade introduzidos pela IoT:

Existem frequentemente vulnerabilidades em torno da segurança da nova infra-estrutura da IdC e lacunas na protecção de sistemas herdados que podem ligar-se a ambientes mais abertos. Nesse caso, uma violação de um dispositivo IdC pode mesmo resultar em acesso não autorizado aos sistemas herdados.

Deixe-nos mostrar-lhe como.

1. Fraca protecção por senha

As credenciais codificadas e incorporadas são um perigo para os sistemas informáticos e tão perigosas para os dispositivos IoT.

Credenciais adivinháveis ou codificadas são uma sorte inesperada para os hackers atacarem directamente o dispositivo.

Com senhas padrão, o atacante pode já saber a senha para a máquina!

O malware Mirai é uma boa ilustração de um ataque deste tipo.

Mirai infectou dispositivos IoT desde routers a câmaras de vídeo e gravadores de vídeo ao tentar entrar com sucesso no sistema utilizando uma tabela de 61 nomes de utilizador e palavras-passe comuns codificados por defeito.

O malware criou um vasto botnet. Ele "escravizou" uma série de 400.000 dispositivos conectados.

Em Setembro de 2016, os dispositivos infectados com Mirai- (que se tornaram "zombies") foram utilizados para lançar o primeiro ataque mundial de 1Tbps de negação de serviço distribuída (DDoS) em servidores no coração dos serviços de Internet.

A empresa derrubou partes da Amazon Web Services e dos seus clientes, incluindo GitHub, Netflix, Twitter, e Airbnb.

Há mais.

Baseado em parte em Mirai, Reaper veio à luz pela primeira vez no final de 2017.

Verificou-se que cerca de 20-30.000 dispositivos foram comprometidos pela Reaper, os quais podem ser utilizados para lançar ataques DDoS paralisantes.

A Arbor Networks diz que pensa que a Reaper foi criada para o mercado "DDoS-for-hire", no qual os criminosos podem alugar botnets para tentar derrubar websites com os quais discordam.

Devem incluir configurações padrão flexíveis e seguras e, em particular, mecanismos opcionais como a complexidade da senha, expiração da senha, bloqueio de conta, senha única que força os utilizadores a modificar as credenciais padrão ao configurar o dispositivo.

Os gestores de rede que utilizam soluções adaptadas de Gestão de **Identidade** e Acesso **IoT** têm uma vasta gama de características de autenticação de dispositivos para reduzir a exposição a ataques IoT.

A autenticação de dois factores, autenticação multi-factor, autenticação biométrica, ou certificados digitais (utilizando uma Infra-estrutura de Chave Pública) pode assegurar que **ninguém pode obter acesso não autorizado aos dispositivos ligados.**

Gartner observa que a gestão de acesso privilegiado (PAM) para todos os dispositivos é essencial para cortar as questões de segurança da Internet de alta velocidade e assegurar que as redes de Internet de alta velocidade não possam ser pirateadas.

2. Falta de correcções e actualizações regulares e mecanismo de actualização fraco

Os produtos IoT são desenvolvidos tendo em mente a facilidade de utilização e a conectividade.

Podem estar seguros na compra, mas tornam-se vulneráveis quando os hackers encontram novos problemas ou bugs de segurança.

Se não forem fixados com actualizações regulares, os dispositivos IoT ficam expostos ao longo do tempo.

Expliquemos esta preocupação de segurança do IoT com o Satori.

Satori é outro malware que se propaga e actua de forma semelhante a Mirai.

O Satori fornece um verme para que a infecção se possa propagar de dispositivo em dispositivo sem interacção humana.

- Em primeiro lugar, não se espalha apenas por adivinhação de credenciais, mas foi descoberto que visa vulnerabilidades conhecidas em gamas específicas de <u>routers WiFi.</u>

- Segundo, o Satori foi descoberto infectando arquitecturas de processadores inteligentes anteriormente ignoradas por malware IoT, SuperH, e ARC.

- As empresas podem então fornecer actualizações de segurança críticas aos dispositivos IoT no terreno.

- Os gestores de rede devem também prestar especial atenção aos mecanismos de actualização, incluindo apenas actualizações assinadas e trocas encriptadas para autenticidade.

- Actualizações inesperadas de firmware ensinaram aos programadores algumas lições difíceis sobre a importância de uma estratégia bem planeada de Firmware Over the Air (FOTA).

- Se estiver ansioso por utilizar tecnologias de rede de Baixa Potência em Área Larga <u>(LPWAN)</u>, deverá explorar soluções FOTA incrementais.

- Não surpreende que as leis de segurança cibernética da Califórnia e do Oregon (em vigor a partir de 1 de Janeiro de 2020) ou a proposta de lei de segurança cibernética do Reino Unido (2020) exijam que os dispositivos de Internet de alta velocidade vendidos nos seus respectivos territórios sejam equipados com "dispositivos de segurança razoáveis".

3. Interfaces inseguras

Todos os dispositivos IoT processam e comunicam dados. Precisam de aplicações, serviços e protocolos para a comunicação e muitas vulnerabilidades da Internet das coisas têm origem em interfaces inseguras.

Estão relacionados com a web, API de aplicação, interfaces de nuvem e móveis e podem comprometer o dispositivo e os seus dados.

As questões comuns incluem a falta e/ou insuficiência de autenticação e autorização do dispositivo e criptografia fraca ou nenhuma.

As soluções envolvem:

- Autenticação do dispositivo. É utilizado para garantir o acesso a um dispositivo ligado e aos dados que gera, apenas a pessoas e aplicações autorizadas que possam provar que conhecem o segredo.

- Certificados digitais. Permitem que uma entidade digital (dispositivo IoT, computador, etc.) transfira dados de forma segura para as partes autorizadas. Os <u>certificados X509</u> são formatos de certificados padrão geralmente assinados por uma Autoridade Certificadora de confiança. Permitem-nos identificar e verificar cada dispositivo IoT de forma única.

Não fiques para trás.

A primeira coisa a fazer é construir aplicações utilizando as mais recentes normas e protocolos de segurança. Várias políticas, normas, melhores práticas e directrizes estão disponíveis a partir de diferentes fontes.

- Nos Estados Unidos, o National Institute of Standards and Technology (NIST) publicou em Janeiro de 2020 o seu segundo projecto de "<u>Recommendations</u> for IoT Device Manufacturers": Fundational Activities and Core Device Cybersecurity Capability Baseline".

- A Agência da União Europeia para a Segurança das Redes e da Informação (ENISA) contribui activamente para a política europeia de ciber-segurança. A ENISA está prestes a criar um quadro de certificação para dispositivos IoT, em particular. A ENISA publicou recentemente "Good Practices for <u>Security of IoT</u> - Secure Software Development Lifecycle" (Novembro de 2019). Este documento detalha como implementar a segurança por concepção para a Internet sem fios. Vem como suplemento à sua publicação de 2017 sobre "Baseline Security Recommendations for IoT Security" (Recomendações de segurança de base para a segurança da Internet sem fios).

4. Protecção de dados insuficiente (comunicação e armazenamento)

As preocupações mais frequentes na segurança dos dados das aplicações de IdC devem-se à insegurança das comunicações e do armazenamento de dados.

Um dos desafios significativos para a **privacidade** e segurança da **Internet das coisas** é que dispositivos comprometidos podem ser utilizados para aceder a dados confidenciais.

A criptografia é uma forma eficaz de enfrentar este desafio.

A encriptação de dados impede a visibilidade dos dados em caso de acesso não autorizado ou roubo.

É normalmente utilizada para proteger dados em movimento e é cada vez mais utilizada para proteger dados em repouso.

A encriptação e desencriptação de dados garantem que a privacidade e confidencialidade dos dados são preservadas, e que os riscos de roubo de dados são minimizados.

É uma solução eficaz contra ataques de espionagem (utilizados em espionagem industrial), também conhecidos como ataques de farejar, quando o cibercriminoso acede passivamente aos dados à medida que estes estão a ser enviados ou recebidos na rede.

A criptografia é também a defesa padrão contra a escuta activa (também conhecida como Man-in-The-Middle attack), na qual o hacker intercepta todas as mensagens relevantes e injecta novas mensagens entre dois dispositivos.

A mesma regra aplica-se à comunicação entre objectos inteligentes ligados e interfaces, tais como aplicações web e móveis.

5. Má gestão do dispositivo IoT

Um estudo publicado em <u>Julho de 2020 </u>analisou mais de 5 milhões de IoT, IoMT (Internet of Medical Things), e dispositivos ligados não geridos em cuidados de saúde, retalho, fabrico, e ciências da vida.

Revela um número espantoso de vulnerabilidades e riscos através de um conjunto espantosamente diversificado de objectos ligados.

Incluem a loite-sombra (dispositivos em uso activo sem o conhecimento das TI), violações de conformidade, e dispositivos médicos recordados (defeituosos e arriscados) da US Food and Drug Administration.

O relatório traz à luz factos e tendências perturbadoras:

- Até 15% dos dispositivos eram desconhecidos ou não autorizados.

- 5 a 19% estavam a utilizar sistemas operativos legados não suportados.

- 49% das equipas de TI estavam a adivinhar ou tinham remendado as suas soluções de TI existentes para obter visibilidade.

- 51% deles desconheciam que tipos de objectos inteligentes estavam activos na sua rede.

- 75% dos destacamentos tiveram violações de VLAN

- 86% das implantações de cuidados de saúde incluíam mais de dez dispositivos recolhidos pela FDA.

- 95% das redes de saúde integraram dispositivos do Amazon Alexa e Echo juntamente com equipamento de vigilância hospitalar.

4.2 Avaliação do impacto na privacidade:

Uma avaliação do impacto na privacidade (PIA) é uma ferramenta para identificar e avaliar os riscos na privacidade ao longo do ciclo de vida de desenvolvimento de um programa ou sistema. Uma PIA deve identificar: Se a informação recolhida está em conformidade com os requisitos de conformidade legal e regulamentar relacionados com a privacidade.

Uma avaliação do impacto na privacidade indica que informação pessoalmente identificável (PII) é recolhida e explica como essa informação é mantida, como será protegida e como será partilhada. Uma PIA deve identificar: Se a informação recolhida está em conformidade com os requisitos de conformidade legal e regulamentar relacionados com a privacidade. Os riscos e efeitos da recolha, manutenção e divulgação das informações que identificam pessoalmente. Protecções e processos de tratamento da informação para aliviar quaisquer riscos potenciais para a privacidade. Opções e métodos para que os indivíduos dêem o seu consentimento para a recolha das suas informações que identificam pessoalmente. Ao abrigo da Lei do Governo Electrónico de 2002, as agências federais são obrigadas a realizar avaliações do impacto sobre a privacidade dos programas e sistemas governamentais que recolhem informações pessoais em linha. Os CIOs da agência federal, ou um funcionário equivalente conforme determinado pelo chefe da agência, são responsáveis por assegurar que as avaliações do impacto na privacidade sejam conduzidas e revistas para os sistemas de TI aplicáveis. A lei também determina que seja realizada uma avaliação do impacto na privacidade quando um sistema informático é substancialmente revisto. Agências federais como o Departamento de Segurança Interna dos EUA e o Departamento de Saúde e Serviços Humanos oferecem orientação para a redacção de AIP, tais como o fornecimento de modelos em branco de avaliação do impacto sobre a privacidade para ajudar e facilitar o seu desenvolvimento.

4.3 Incorporar a privacidade na concepção e desenvolvimento

• Privacy by Design é o conceito de incorporação da privacidade em qualquer novo produto, sistema ou processo no momento em que está a ser conceptualizado e desenvolvido.

• Novas aplicações e tecnologias inteligentes estão a acelerar os requisitos de Privacidade por Design, o que significa que uma estratégia de privacidade de "tamanho único" raramente se adequa a todos.

pivacy, definida de forma diversa como o estado em que um não é observado ou perturbado por outras pessoas, tem um significado mais amplo no contexto, por exemplo, do Regulamento Geral de Protecção de Dados (GDPR) da UE e da Lei de Protecção do Consumidor da Califórnia (CCPA). Aqui, trata-se mais de proteger os dados pessoais. Especificamente, a forma como é recolhida, armazenada e utilizada.

As organizações estão mais do que nunca a recolher, armazenar e utilizar dados pessoais através de uma série de tecnologias em rápida evolução que já são conhecidas. Produtos e serviços - como carros inteligentes, contadores inteligentes e casas inteligentes ligadas através da Internet das coisas (IoT) - criam novos desafios na gestão de dados pessoais. É discutível que um desafio ainda maior são as tecnologias que ainda estão para vir.

Poucos teriam previsto a pandemia COVID-19; menos ainda o surgimento de aplicações de rastreio dedicadas e as implicações na privacidade que a vigilância e monitorização em massa traria. Descobertas recentes do EY Global Consumer Privacy Survey 2020 revelaram que a pandemia torna os consumidores mais dispostos a partilhar dados pessoais em benefício de um bem maior. No entanto, a confiança continua a ser uma questão significativa. Quase metade (47%) dos consumidores a nível global não confiam nos seus governos para utilizarem os seus dados para além do seu objectivo declarado.

Num mundo complexo, as empresas precisam de considerar e implementar controlos e medidas para salvaguardar os direitos de privacidade dos indivíduos e salvaguardar as suas próprias organizações para cumprirem regulamentos rigorosos. Mas não se trata aqui de assinalar caixas; trata-se de incorporar uma nova cultura e mudar uma mentalidade que vê a privacidade no centro de qualquer nova tecnologia, sistema ou processo que esteja a ser concebido. Mais do que isso, trata-se de reengenharia dos sistemas existentes com um novo olho na privacidade, e um novo respeito pelo risco de cair em desrespeito dos reguladores e da lei.

Desenho de privacidade em qualquer novo produto, sistema ou processo

Privacy by Design é o conceito de incorporação da privacidade em qualquer novo produto, sistema ou processo quando é conceptualizado e à medida que está a ser desenvolvido. Desde uma nova aplicação ou Tecnologia Inteligente até à mais recente campanha publicitária ou iniciativa de marketing, um enfoque precoce e a compreensão da privacidade têm claros benefícios. Ajuda a "conceber" salvaguardas essenciais de privacidade e melhora as eficiências financeiras e operacionais. Ajuda a construir confiança e lealdade dentro de uma marca e elimina o desafio de gerir e armazenar dados desnecessariamente, e todas as questões que isto pode causar. Do mesmo modo, elimina a probabilidade de serem necessárias características de privacidade retrospectivas e muitas vezes dispendiosas. Uma outra vantagem é que serve para conceber "fora" a probabilidade de quaisquer multas e penalidades regulamentares. Simultaneamente, o conceito de "privacidade por defeito" ajuda a construir a confiança dos consumidores e uma melhor reputação na classe.

Crucialmente, porém, a Privacidade por Design não se trata apenas do "novo". As organizações podem também adoptar uma abordagem transformadora e aplicar princípios de privacidade a aplicações, processos empresariais e infra-estruturas de apoio existentes. Permite às organizações com plataformas informáticas herdadas aplicar determinados princípios retrospectivamente, adoptando uma abordagem baseada no risco com base em prioridades operacionais e comerciais. Isto atenua o risco sempre que possível e aplica soluções intermédias se necessário, enquanto se aguarda uma resposta mais permanente.

Infusão de Privacidade por Design dentro da organização mais ampla

A inutilização da privacidade por desenho é um mecanismo desejável para qualquer organização que se confronte com o desafio de gerir dados pessoais. O que é essencial é que a "privacidade" não seja vista simplesmente como o único domínio (e portanto a única responsabilidade) do responsável pela privacidade. Deve abraçar e ser abraçada por toda a organização.

Embora a Privacy by Design exista há mais de 30 anos, muitos profissionais de privacidade ainda são desafiados quanto ao melhor local para começar a incorporar o conceito nas suas operações.

Imagine que foi recentemente nomeado como Chefe de Privacidade e que foi encarregado de transformar as práticas de privacidade da organização. Que acções deverá empreender nos primeiros 90 dias?

Para começar, é importante compreender que nenhuma solução de tamanho único serve para todos. Para ser eficaz, qualquer estratégia de Privacy by Design precisa de ser adaptada à cultura e práticas de trabalho da sua própria organização. Dito isto, existem talvez cinco passos gerais que pode dar para infundir o pensamento de Privacidade por Desenho no seu pessoal:

1.   Sensibilizar e construir a sua rede
Crie consciência do seu papel e do conceito de Privacidade por Design. Mostre as vantagens que a incorporação da privacidade na concepção de novos processos e produtos pode trazer. Seja positivo e mostre que pode trazer valor às equipas que vai apoiar. Construa a sua rede dentro da organização, identificando quem irá beneficiar mais com a incorporação da Privacidade por Desenho. Surpreendentemente, poderá encontrar aliados em vários departamentos, desde as equipas comerciais às TI.

2.   Alinhe-se com os quadros superiores e obtenha a sua adesão

A direcção será o seu maior aliado nesta viagem porque pode fornecer o nível certo de apoio para infundir Privacidade por Design a todos os níveis. Faça-os compreender o valor de incorporar a privacidade nos produtos e serviços que entrega aos seus clientes finais, bem como aos intervenientes internos. Demonstre que a Privacy by Design ajudará a criar confiança nos clientes, mas também gerará valor para a organização e ajudá-los-á a cumprir os regulamentos globais de protecção de dados. Encontre formas de explicar os benefícios numa língua que eles compreenderão.

3.   Compreender o ciclo de vida do projecto, identificar e estar envolvido em projectos-chave o mais cedo possível
Compreender os projectos mais importantes e seleccionar aqueles com a maior visibilidade e elevado "payback" em termos de resultados. Alcance proactivamente os proprietários dos

projectos, fornecendo uma visão geral dos benefícios de uma estratégia de Privacidade pelo Design. Esta é uma componente crucial, pois é aqui que o valor da Privacy by Design será medido no terreno e as histórias de sucesso irão apoiar o seu caso. Adopte uma abordagem positiva e colaborativa; não se comporte ou pareça ser um bloqueio de estrada.

4. Reconhecer as capacidades da organização e desenvolvê-las

Dependendo da maturidade da sua organização, pode haver diferentes ferramentas e soluções em vigor - mas pelo menos alguma coisa anda por aí. Identificar as principais tecnologias e mecanismos que possam ter implementado "ad-hoc" em produtos específicos que possam apoiar uma estratégia de privacidade. Reutilizar estratégias bem sucedidas nos projectos que está a apoiar, e fomentar o cruzamento de referências e a colaboração entre equipas para acelerar a transferência de conhecimentos.

5. Definir um roteiro para Privacy by Design

Enquanto se trabalha nas acções operacionais de curto prazo, comece a trabalhar numa estratégia a longo prazo. Estabelecer uma visão e desenvolver um plano a longo prazo para infundir a privacidade na cultura da organização. O roteiro deve envolver como e quando as ferramentas de privacidade e as tecnologias que aumentam a privacidade são implementadas, como melhor educar e informar aqueles que são mais directamente afectados, e como assegurar que os dados são utilizados dentro dos limites das estruturas éticas da sua organização.

4.4 Transparência e confiança, modelos de confiança:

- Num modelo de confiança IoT, uma coisa tem de recolher informação sobre os candidatos a quem pretende obter serviço (ou por vezes prestar serviço a, dependendo do cenário). Se houver múltiplos candidatos, deve haver um mecanismo de classificação para os priorizar.

- O processo de modelação de ameaças pode ser muito benéfico para determinar a melhor forma de proteger uma aplicação ou rede informática. O objectivo da modelação da ameaça é avaliar o sistema a partir da perspectiva de um potencial atacante, depois seleccionar controlos adequados para reduzir o risco desses ataques.

  o **Spoofing** - Fazer-se passar por outro utilizador ou componente do sistema para obter o seu acesso ao sistema

  o **Alteração** - Alteração do sistema ou dos dados de alguma forma que o torne menos útil para os utilizadores a que se destina

  o **Repúdio** - Negação plausível de acções tomadas sob um determinado utilizador ou processo

  o **Divulgação de informação** - divulgação de informação a partes não autorizadas (por exemplo, uma violação de dados) o **Negação de serviço** - Tornar o sistema indisponível para os utilizadores previstos

o **Elevação do Privilégio** - Conceder a um utilizador ou processar acesso adicional ao sistema sem autorização

* Para que a segurança da IdC seja bem sucedida, é necessário que haja uma forma eficaz de raciocinar sobre como a humanidade pode confiar na segurança, protecção e privacidade desta transformação maciça do mundo. Mais importante ainda, "pessoas comuns", sejam elas consumidores ou trabalhadores, devem ser capazes de interagir de forma segura, fiável e intuitiva com sistemas vastos, complexos e interligados de dispositivos de Internet de alta velocidade. Pode ser esmagador pensar em todas as formas como os indivíduos e a sociedade podem ser danificados pela engenharia aleatória de sistemas que fundem os mundos físico e digital. Os tecnólogos têm feito um trabalho terrível com a tecnologia de segurança até agora, mas agora estamos prestes a impor essas falhas ao mundo físico numa escala que só a computação e a conectividade omnipresentes, omnipresentes e mesmo invasivas podem realizar. A continuação do status quo é insustentável.

* A IdC pode ser pensada como uma colecção hiper-conectada e hiper-distribuída de recursos. O complexo ecossistema que rodeia os dispositivos da IdC significa que confiar neles não será intuitivo. Estes dispositivos conectados podem potencialmente ser controlados e observados por outros em qualquer parte do planeta. Por exemplo, antes da IdC, era sempre fácil verificar fisicamente as fechaduras das portas e decidir confiar naqueles que tinham as chaves. Agora com a Internet ligada "smartlocks", pode verificar ou alterar o seu estado a partir de qualquer lugar. Como pode uma "pessoa comum" localizar quem tem a chave electrónica e discernir que o software que controla a fechadura é seguro e resistente a ataques de hackers? Um inquérito de Fevereiro de 2017 aos consumidores da Internet de alta velocidade mostrou que <u>72% não tinham a certeza de como verificar se os seus dispositivos tinham sido comprometidos.</u>

* Os utilizadores devem ainda poder delegar confiança e autoridade com o mesmo nível de certeza que quando se utilizam dispositivos puramente físicos. Quer se trate de dispositivos de automação doméstica ou de dispositivos industriais, os tecnólogos têm a responsabilidade de fornecer às pessoas métodos intuitivos e simples para discernir com precisão quais os dispositivos e serviços em que se pode confiar, e com que ameaças se devem preocupar racionalmente. Isto coloca a questão, "Como podemos voltar a um lugar de relativa simplicidade de função e onde o utilizador médio tenha uma compreensão razoável do

a integridade dos seus dispositivos conectados?

<u>A necessidade de um modelo de confiança centrado no ser humano:</u>

* Não existe actualmente um **modelo de confiança** eficaz e amplamente adoptado para orientar os projectistas de dispositivos IoT e os fornecedores de serviços. Um modelo de confiança pode descrever como os recursos da IdC são protegidos e governados, como se pode confiar na sua capacidade de preservar a segurança e a privacidade, e como podem ter capacidades para se defenderem de ataques. É justo dizer que actualmente, os desenhadores acrescentam de forma

aleatória conectividade de dispositivos, controlo remoto, e outras características da IdC aos dispositivos, deixando o utilizador com riscos que são difíceis de compreender e gerir. Um modelo de confiança eficaz clarificará as responsabilidades dos fornecedores de dispositivos e prestadores de serviços e apontará formas de garantir que as pessoas possam utilizar dispositivos IdC com pouca preocupação.

• Actualmente, não existe um inventário fiável e completo de ameaças para a LIBE, nem as ameaças que foram identificadas foram devidamente priorizadas. Como exemplo, uma ameaça relativamente nova surgiu em cena nos últimos anos, chamada de resgate. No contexto da Internet das coisas, isto deve ter uma prioridade bastante elevada. É necessário um novo modelo de confiança que tenha isto em conta para sustentar os meios de mitigação dos riscos associados.

• O que é então um modelo de confiança e como pode ser "humano-cêntrico"? A palavra "confiança", neste contexto, significa confiança. Um modelo de confiança mostra como cada entidade de um ecossistema depende (ou poderia depender) de outra. E centrado no ser humano neste contexto significa um modelo de confiança que visa dar uma administração eficaz da segurança, não aos profissionais da informática, mas aos utilizadores médios. Um modelo de confiança centrado no ser humano pode ser criado para mostrar como pessoas comuns podem, sensatamente, delegar a outras pessoas o acesso a controlos e dados associados a dispositivos e sistemas IoT.

• Com um modelo de confiança como este, é possível fazer perguntas como, por exemplo, como podem os dispositivos IoT ser utilizados para se defenderem contra vírus? Podem eles actualizar-se para repelir novos ataques ou tenho de assumir a responsabilidade por isso? Se um dispositivo for comprometido, preciso de o isolar ou um serviço pode tratar disso? Se eu delegar o acesso à informação do meu sensor doméstico à minha rede eléctrica, o que podem eles fazer com a informação e como é protegida? Um modelo de confiança centrado no ser humano pode ajudar os programadores a determinar coisas como, por exemplo: Em quem e em que posso confiar para protecção? Quando dou aos outros acesso aos meus dispositivos ou à informação dos seus sensores, como posso confiar neles? Como posso limitar a capacidade dos outros para utilizar esses dispositivos?

Dimensionamento de um modelo de confiança IoT centrado no ser humano:

• Quais são os componentes deste novo modelo de confiança da IdC? O que será provavelmente diferente dos modelos de segurança existentes? A resposta mais óbvia aqui é a escala. Precisamos de abordar muitos (milhares de milhões) de dispositivos contendo múltiplos sensores e controlos (por vezes dezenas ou mais por dispositivo). Estes são também dispositivos verdadeiramente hiperligados (parte de múltiplas redes e podem, de certa forma, cruzar-se aleatoriamente com muitas redes ao longo do tempo).

• Duas coisas me vêm à mente quando se lida com uma escala tão maciça. A primeira é como é que os dispositivos se podem defender autonomamente? Segundo, podemos confiar nas técnicas de segurança de rede para manter as nossas coisas fora de problemas? As respostas são: 1) um modelo de confiança escalável precisa de colocar muita responsabilidade na autodefesa de dispositivos e aplicações e prever a administração da segurança distribuída, e 2) não podemos confiar nas técnicas de segurança de redes, uma vez que elas sujeitam um ecossistema a vulnerabilidades de ligações fracas.

Uma vez que qualquer rede seja penetrada, o ataque pode funcionar a várias redes explorando dispositivos que se sobrepõem a outras redes. Uma abordagem de segurança de rede tenta isolar os dispositivos que, pela sua natureza, querem comunicar. Uma tal abordagem não pode ser escalonada.

• Outra propriedade de um modelo IoT que ajuda a lidar com a escala massiva é a utilização de **serviços e aplicações distribuídas** que ajudam os indivíduos a visualizar e administrar facilmente a segurança dos dispositivos. Por exemplo, um proprietário ou gerente de fábrica poderia subscrever serviços especializados, baseados na nuvem, que digitalizam sensores nas suas redes em busca de anomalias ou assinaturas de comportamento que indicam um comportamento ilícito. Tais serviços podem utilizar capacidades sofisticadas de partilha de informação para formular bases de conhecimento de padrões de comportamento de dispositivos. Estes podem ser aproveitados por aplicações locais que administram conjuntos de dispositivos e sensores geridos de forma privada. Essencialmente, podem existir sistemas de "vigilância de vizinhança" automatizados e distribuídos que partilham observações e divulgam avisos de ataques em larga escala. A forma como estes sistemas se comportam, especialmente no que diz respeito à sua própria autonomia e ao seu funcionamento como sistemas de apoio à decisão humana, são também potencialmente partes de um modelo de confiança. Seria igualmente necessário considerar como tornar esta informação acessível e compreensível para o utilizador ou trabalhador médio.

• Será que coisas simples como um interruptor de luz, altifalante doméstico, ou torradeira também precisam de subsistemas de segurança sofisticados? Talvez, mas a utilização de um modelo de confiança em conjunto com a análise do sistema pode ajudar a manter as coisas simples e escaláveis. Se um dispositivo for "IoT activado", simplesmente adicionando uma pilha genérica de computação e comunicações com um sistema operativo genérico que permite aplicações arbitrárias e interacções de dispositivos, então corre-se o risco de problemas de segurança, mesmo com dispositivos tão simples como os chamados. No entanto, se a concepção do sistema for orientada por um modelo de confiança para governar interacções e funcionalidades, então os designers podem mais facilmente manter as coisas simples e limitar os riscos.

• O modelo de confiança também pode exigir uma capacidade de actualização segura, permitindo que novas características sejam adicionadas em segurança quando é identificada uma necessidade, em vez de carregar um dispositivo com características potencialmente exploráveis. Além disso, os dispositivos podem ser solicitados a implementar um monitor de referência relativamente simples que aceite comandos de outros dispositivos numa rede muito limitada ou a partir de um número limitado de outros dispositivos. Mais genericamente, os desenhadores de dispositivos IoT devem manter a funcionalidade limitada e permitir explicitamente novas funcionalidades apenas depois de verificarem completamente os riscos de segurança inerentes.

Qual seria o aspecto de um modelo de confiança da IOT?

• Este artigo não prescreve um plano detalhado para um modelo de confiança. Mas, faz sentido enumerar alguns dos componentes de um modelo de confiança que abordam alguns dos desafios únicos para a LIBE. Neste contexto, um modelo de confiança consiste em entidades e processos em que se pode confiar para ajudar a preservar a segurança, a protecção e a privacidade de coisas ligadas à Internet. Abaixo encontra-se uma série de pontos que ajudarão a identificar vários componentes de um tal modelo.

• **Dispositivos e aplicações alojadas**: Quando trago um dispositivo IoT para o meu ambiente, em que aspectos posso confiar para segurança, protecção e privacidade? Quais são as propriedades e capacidades intrínsecas do dispositivo que o tornam digno de confiança? Quais são as minhas responsabilidades? O que posso esperar de outras entidades tais como o fornecedor do dispositivo ou os serviços que interagem com o dispositivo? Se é uma coisa simples, não quero certamente uma longa lista de instruções sobre como mantê-lo, a mim e ao meu agregado familiar em segurança. Tornar isto intuitivo será um desafio.

• **Recursos**: Ajuda a identificar certos componentes que um modelo de confiança terá de abordar. Um dispositivo IoT pode ter vários recursos disponibilizados a uma série de entidades através da Internet. Podem consistir em controlos de dispositivos e informação de estado, assim como fluxos de informação de sensores conectados e capacidades de computação. Como sei quais são esses recursos e quem tem acesso aos mesmos? Como posso governar o acesso ao dispositivo? Há também a questão de quão bem estes dispositivos se protegem contra ataques e quão robustas são essas defesas? Mais uma vez, o desafio será o de tornar as respostas intuitivas para um vasto leque de pessoas.

• **Atributos de confiança**: Para tomar decisões relativas à fiabilidade dos dispositivos, processos associados a eles, ou entidades que acedem ao dispositivo ou à minha rede de dispositivos, posso confiar em afirmações feitas por outros em que confio (como por exemplo, um dispositivo é "seguro para as crianças"). Pondo de lado, de momento, a questão de saber o que torna um atributo digno de confiança, como posso utilizar de forma fiável estas afirmações de confiança? Considere este contexto: se eu der a um jovem acesso a algumas capacidades de domótica, posso querer ser lembrado que esta acção inclui um controlo da temperatura da água quente e não é considerada segura para crianças pelo programador. Os dados dos sensores podem ter atributos. Alguns dados podem ser sensíveis (tais como dados de movimento com coordenadas GPS de tempo carimbadas) e derivados desses dados podem ser reivindicados como anónimos. Como podem tais dados ser etiquetados de forma fiável? Como pode ser garantida a utilização correcta das etiquetas? A classificação e rotulagem podem ser complexas e têm implicações de responsabilidade, mas devem ser abordadas como parte de um modelo de confiança da IdC.

• **Delegar a confiança**: Outro aspecto importante de qualquer modelo de confiança eficaz abordará o conceito de delegação. Como é que eu praticamente delego confiança a outra pessoa? Há uma série de contextos para isso. Por exemplo, quando levo um dispositivo para casa, reclamo-o como meu, talvez com algum gesto simples. Só eu posso controlá-lo e ter conhecimento dos dados que ele recolhe. Mas, se eu quiser dar aos outros acesso a ele, como é que isso pode ser feito de forma fiável e com plena compreensão das implicações? Como posso garantir que esta delegação de confiança será aplicada? As respostas podem não ser simples e posso necessitar de algumas ajudas para me orientar.

• **Dispositivos compostos virtuais**: Parte da razão pela qual estas dificuldades centradas no ser humano precisam de ser consideradas nos modelos de confiança da IdC é que os dispositivos físicos podem ser virtualizados, bem como ser partes de **dispositivos compostos virtuais**, cujos componentes podem interagir. Na automação doméstica, tais dispositivos compostos podem ser chamados de "cenas" onde múltiplos dispositivos cooperam para realizar uma determinada tarefa doméstica. Num contexto industrial ou metropolitano, os dispositivos virtuais compostos serão arbitrariamente complexos.

• **Ajudas de desempenho automatizadas**: Estes são sistemas que nos podem ajudar a compreender as implicações de acções como a inclusão de algo como componente num dispositivo ou sistema virtual, ou as implicações da delegação de confiança a alguma entidade. Estes serão uma parte importante de um modelo de confiança centrado no ser humano que aborda tanto a escala como a complexidade da evolução da IdC. Um exemplo potencial de uma tal ajuda são os **gestos intuitivos** utilizados quando em interacção com a Internet das coisas. Tipicamente, tais gestos são utilizados num contexto específico para apontar para coisas específicas ou virtuais, e referem-se a entidades específicas.

• **Sistemas de gestão da identidade**: Para que estas ajudas de desempenho automatizadas, bem como outros sistemas relacionados com o IoT, funcionem correctamente, é necessário identificar o dispositivo ou grupo de dispositivos certo e as entidades certas em quem se deve confiar. Isto exigirá sistemas de gestão de identidade que sejam vastamente maiores em escala e muito mais intuitivos. Também aqui, é justo dizer que o actual inventário de **sistemas de gestão de identidade** (tais como pares nome de utilizador/senha, e certificados X.509 e SAML) é lamentavelmente inadequado e raramente aborda muitos dos casos já conhecidos de utilização da identidade. E, claro, é difícil afirmar que estes sistemas são intuitivos e fáceis de usar. Embora estejam a ser feitos progressos em alguns aspectos da gestão da identidade (nomeadamente biossensores), o território que deve ser coberto aqui é vasto, e inclui referências fiáveis para coisas virtuais e a sua configuração em compósitos e sistemas virtuais com os quais as pessoas comuns terão de interagir.

<u>O papel das associações de segurança e dos monitores de referência:</u>

• Os modelos de confiança terão várias camadas. Uma camada irá abordar a actuação segura de um processo de confiança. Esta camada utilizará o conceito de **associação de segurança** e terá de ser tornada tanto fiável como intuitiva. Por exemplo, quando eu quero dar a alguém acesso à minha porta da frente, normalmente dou-lhe uma chave física. Confio que não copiarão essa chave e darei a cópia a outra pessoa. Com fechaduras electrónicas, posso usar um gesto intuitivo no meu telefone para indicar que quero que um dos meus amigos consiga abrir a porta da frente. Uma forma (entre muitas) que pode ser accionada é fazer com que uma chave electrónica seja transmitida com segurança tanto para a fechadura como para o telemóvel do meu amigo. A fechadura manterá uma associação de segurança entre essas chaves e uma permissão para abrir a porta.

• Agora a minha associação de segurança com a fechadura dá-me o direito de modificar a tabela de associação de segurança, mas a associação de segurança do meu amigo com a fechadura não o faz. Ou seja, eu tenho direitos de delegação e ela não. Este processo de delegação envolve protocolos de segurança, ligações de chaves, permissões, e outros processos de segurança. A ideia de um **monitor de referência** foi mencionada anteriormente, e será um conceito extremamente importante nos modelos de confiança da IdC, uma vez que todos os dispositivos da IdC podem abrigar um. Um monitor de referência pode ser apropriadamente simples ou elaborado. É tipicamente implementado como um processo central (ou kernel) que verifica cada comando em relação a uma lista de associações de segurança para obter permissões para tomar uma acção ou acesso a algum recurso. Agora, quando o meu amigo quiser abrir a porta, o monitor de referência da fechadura avaliará o seu comando, e a utilização da chave electrónica que lhe dei, e talvez a identidade do dispositivo que ela utilizou se fizer parte da associação de segurança. Muito disto será normalmente escondido ao utilizador numa camada de modelo de confiança. As pessoas devem usar gestos simples para esta delegação de confiança, mas o modelo precisa de compreender como esses gestos realizam precisamente a intenção do emissor do comando (e não fazem mais).

• Outra parte de um modelo de confiança IoT será o conceito de um **processo de actualização seguro**. Esta é uma área que tem registado algum sucesso, pelo menos em alguns contextos. Isso é bom, porque a necessidade de corrigir coisas que podem potencialmente correr mal será certamente grande à medida que integramos o mundo físico com o mundo cibernético. Mais uma vez, a escala da IdC e a sua multiplicidade de contextos será um desafio. Dada a escala maciça da IdC, será provavelmente uma boa estratégia dar aos dispositivos a responsabilidade de se actualizarem e de o fazerem em resposta a notificações de confiança de sistemas automatizados, tais como sistemas de monitorização de ataques. No entanto, as pessoas habituaram-se a actualizar o seu SO e aplicações de telemóveis, mas esse processo ainda causa perturbações. Num contexto de IOT, isto pode não ser tolerável, especialmente quando as actualizações podem alterar subtilmente a experiência do utilizador de uma coisa fiel e fiável.

• a segurança das comunicações não foi coberta, e como aludido, os processos comsec podem não querer ser incluídos como um aspecto intrínseco de um modelo de confiança. Por vezes farão parte da camada de actuação de segurança, mas dado o contexto geral da IdC e os múltiplos processos de comunicação que podem ser tanto intrínsecos como extrínsecos a dispositivos e sistemas de dispositivos, em geral um modelo de confiança eficaz terá de ser accionado na camada de dispositivo e aplicação, e não exigirá isolamento dos processos de comunicação.

4.5 Engenharia de privacidade - princípios, controlo de conformidade:

• A engenharia da privacidade é um quadro metodológico de integração da privacidade no ciclo de vida da concepção e desenvolvimento de sistemas informáticos. Operacionaliza a estrutura Privacy by Design (PbD) reunindo métodos, ferramentas e métricas, para que possamos ter sistemas de protecção da privacidade. Com a pandemia, a inovação digital tornou-se a necessidade da hora e, portanto, trouxe a privacidade desde a concepção ainda mais à ribalta. O objectivo da engenharia de privacidade é fazer da privacidade por concepção o padrão de facto para os sistemas de TI.

• Os diferentes organismos têm diferentes definições de engenharia de privacidade, mas a essência é a mesma - Abordar o ciclo de vida completo da privacidade individual e não apenas durante o armazenamento e análise de dados. A engenharia da privacidade incorpora uma abordagem mais holística que abrange legalidades, análise de risco e sentimento do utilizador.

* O Instituto Nacional de Normas e Tecnologia (NIST), com sede nos EUA, define a engenharia de privacidade

como "*uma disciplina especializada de engenharia de sistemas centrada em alcançar a liberdade das condições*
que podem criar problemas para os indivíduos com consequências inaceitáveis que decorrem do
à medida que processa o sistema PII". A imagem abaixo esclarece mais sobre os objectivos de Privacidade
Engenharia:

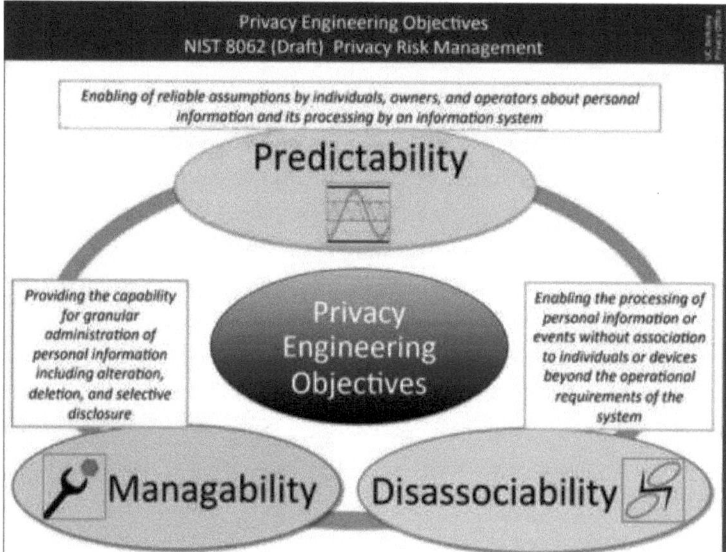

* A engenharia da privacidade, ao fazer da privacidade uma parte integrante do processo de concepção e desenvolvimento (SDLC), tenta reduzir os riscos e proteger a privacidade em escala.

* De acordo com a definição do Gartner, "*A engenharia da privacidade é uma abordagem ao processo empresarial e à arquitectura tecnológica que combina várias metodologias na concepção, implementação e governação. Implementada adequadamente, produz um resultado final com ambas:*

* *Funcionalidade facilmente acessível para cumprir a Organização para a Cooperação e Desenvolvimento Económico (OCDE) oito princípios de privacidade e*

* *Mitigação contra o impacto de uma violação de dados pessoais, reimaginando a defesa em profundidade a partir de uma perspectiva centrada na privacidade.*

* *O processo envolve um recálculo contínuo e um reequilíbrio do risco para o proprietário individual dos dados, preservando ao mesmo tempo uma utilidade óptima para casos de utilização no processamento de dados pessoais*".

* Assim, a engenharia da privacidade é a base da privacidade holística. Ajudará a construir um quadro estruturado e a trazer a privacidade como um conceito dominante no qual as Organizações se

devem concentrar.

Engenharia da Privacidade - colmatar a lacuna entre TI, Risco e Conformidade, Privacidade, Segurança e Negócios

A protecção da privacidade continua a ser uma questão muito crítica para indivíduos, empresas e governos em todo o mundo. As pessoas sob a forma de consumidores, querem conteúdos e serviços personalizados, mas ao mesmo tempo querem que a protecção da privacidade seja mantida a todo o custo e esperam que as organizações e empresas tomem medidas para proteger os consumidores e dos governos para proteger os dados dos cidadãos.

Poucas coisas comuns que acredito serem verdadeiras em relação a este cenário são:

- Os consumidores querem transparência sobre a forma como as empresas estão a armazenar, processar e utilizar os seus dados.

- Estão muito preocupados com a forma como a sua informação pessoal é utilizada por tecnologias avançadas como a IA e qualquer tipo de abuso corrói a sua confiança - completamente.

- Muitos consumidores não confiam em que as empresas privadas sigam/tenham regulamentos e cumplicidades para manter os seus dados seguros. Por isso, procuram o seu governo para proteger os seus dados com leis, políticas e outros mecanismos de aplicação.

- Uma vez perdida a confiança, os consumidores tomam medidas para se protegerem a si próprios e aos seus dados. Trocam mesmo de empresas ou fornecedores e mudam para aqueles em quem confiam para manter os seus dados seguros. Muitos terminam relações com empresas tradicionais e em linha por causa da privacidade dos dados.

Com o advento de diferentes leis de privacidade como o GDPR da UE e muito mais, foi formulado um quadro para Pedidos de Acesso a Dados de Sujeitos (DSAR). Muitas leis de privacidade permitem que os consumidores levantem pedidos relativos aos seus dados e controlem nas mãos dos consumidores que podem tomar medidas se não estiverem satisfeitos com a forma como os seus dados são armazenados, processados ou utilizados.

A engenharia de privacidade que liga a inovação à PbD, assegura que cada sistema informático deve fornecer a maior privacidade possível aos dados pessoais. Isto aumenta a confiança dos consumidores na segurança dos seus dados, porque a privacidade foi enraizada no sistema.

<u>Engenharia da privacidade - princípios:</u>

- Os princípios de engenharia de privacidade ajudam as organizações a desenvolver sistemas fiáveis, seguros e resilientes e reduzem a susceptibilidade a perturbações, perigos, ameaças, e a criação de problemas de privacidade para os indivíduos.

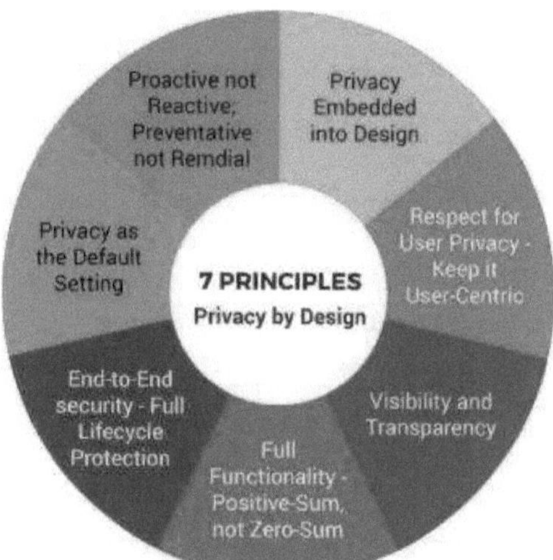

- 1. Proactivo não Reactivo. Em vez de assumir que um produto respeita os dados dos utilizadores até um

se a entidade reguladora descobrir o contrário, **resolva as preocupações de privacidade cedo**, consultando um engenheiro de privacidade nas fases iniciais de desenvolvimento do produto.

- 2. Privacidade como configuração por defeito. Identificar as formas como um produto processa dados pessoais, desde a sua recolha, passando pela sua análise, até à sua destruição. Em cada um desses eventos, **o quadro exige que mais definições de privacidade sejam a predefinição**, através de questões de minimização de dados, especificação da finalidade, limitação da recolha, e mais. Por exemplo, se um utilizador não precisar de fornecer o seu Número de Segurança Social para receber um serviço, o serviço não deve recolhê-lo em primeiro lugar.

- 3. Privacidade Incorporada no Design. O processo de design deve **avaliar regularmente os impactos e riscos na privacidade** antes de os produtos saírem para a natureza.

- 4. Funcionalidade-Positivo-Soma, não Zero-Soma. Uma falácia nos debates sobre privacidade é que, para respeitar a privacidade de alguém, alguma das partes deve ser colocada em desvantagem. Os engenheiros de privacidade trabalham para **criar produtos e serviços que não sejam prejudicados pelas protecções de privacidade**.

- 5. Segurança de ponta-a-ponta. A segurança e a privacidade estão intimamente relacionadas, e a falta de segurança mina a privacidade. Se partes não autorizadas puderem aceder aos dados pessoais, os direitos dos indivíduos sobre os dados são directamente comprometidos. **Actividades como controlo de acesso e encriptação devem ser seguras de um ponto de vista técnico.**

- 6. Visibilidade e transparência. À primeira vista, pode parecer bizarro que a Privacidade por Design exija visibilidade, mas a visibilidade é parte integrante de sistemas de confiança. As **políticas e procedimentos relacionados com a privacidade, quando apropriado, devem ser claramente acessíveis aos utilizadores e às partes interessadas internas.**

- 7. Respeito pela Privacidade do Utilizador. Os controlos da privacidade dos utilizadores devem ser utilizáveis, desde o simples consentimento até ao cumprimento atempado dos DSRs. Os **visuais, as cópias e os fluxos de trabalho dos utilizadores devem dar prioridade à precisão e acessibilidade.**

Engenharia de privacidade - controlo de conformidade

- Uma organização respeitadora da privacidade **fornece sólidas salvaguardas administrativas, técnicas e de segurança física para assegurar a confidencialidade, integridade e disponibilidade dos dados.**
- Isto inclui a capacidade efectiva de detectar e prevenir o acesso não autorizado ou inadequado aos dados.
- O cumprimento da privacidade refere-se à responsabilidade de uma empresa de praticar a prudência no tratamento de dados sensíveis que passam todos os dias.
- É um processo que permite às empresas ou organizações cumprir as regras comerciais juntamente com as normas e regulamentos legais de armazenamento e gestão de dados.
- Trata essencialmente da forma como as empresas que trabalham com informações pessoais de indivíduos são responsáveis pela protecção da forma como estes dados sensíveis são recolhidos e partilhados.

4.6 Preservação da privacidade e divulgação de dados - para a Internet das coisas usadas em edifícios inteligentes, protecção da privacidade em aplicações pessoais de Internet das coisas:

- A preservação da privacidade no IOT é um conceito importante, porque quando os dados são transferidos ou comunicados entre diferentes partes, é obrigatório fornecer segurança a esses dados para que outras partes não saibam que dados são comunicados entre as partes originais.
- Durante a disseminação de dados, os dispositivos IoT estão a comunicar através de diferentes tecnologias, a fim de construir informação sobre o processo. Isto permite que uma aplicação chegue à realidade tendo em vista a sua integração no domínio da Internet das coisas.

protecção da privacidade em aplicações IoT pessoais:

- **IoT em Casas Inteligentes de Automação Doméstica (SH)** estão equipadas com diferentes tipos de sensores e RFID para monitorizar e utilizar eficientemente os recursos. Os dispositivos IoT são ligados através de ligação sem fios formando uma rede e partilham os dados através de redes de borda. O sistema de domótica recolhe informações sobre o uso diário de energia e outros comportamentos dos utilizadores. Tais dados são altamente sensíveis e não devem ser revelados. Por conseguinte, é importante desenvolver um sistema eficiente de privacidade que preserve a domótica. O sistema de privacidade que preserva a privacidade doméstica protege a identidade do utilizador, a privacidade de localização e o comportamento diário.
- **IoT nos Cuidados de Saúde IoT aplicações de cuidados de saúde** consiste em sensores viáveis, caixa de comprimidos inteligente, cama inteligente, etc., para monitorizar remotamente a saúde dos

pacientes. No entanto, tem várias preocupações de segurança e privacidade, uma vez que recolhe informação relacionada com a saúde dos pacientes. Os dispositivos IoT utilizam sistemas baseados no nevoeiro ou sistemas baseados na nuvem para armazenar a informação relativa aos cuidados de saúde. As aplicações de cuidados de saúde dos pacientes devem recolher os dados dos utilizadores de forma anónima e a informação sensível relacionada com a saúde deve ser removida. Tais dados preservados da privacidade são um rico recurso de diagnóstico de doenças e sistemas de cuidados de saúde. Assim, o desenvolvimento de aplicações de cuidados de saúde com preocupação de privacidade tornou-se um mandato.

- **IoT em Fog & Cloud Computing** A natureza omnipresente da nuvem e a natureza omnipresente da IoT chamada em conjunto como cloudIoT. O sistema IoT baseado na computação em nuvem recolhe informação dos sensores IoT e armazena dados na nuvem. A computação em nuvem oferece diferentes serviços ao sistema IoT, tais como armazenamento, serviço, computação, etc. Reduz a carga computacional dos dispositivos IoT. A computação em nevoeiro é também chamada como computação de borda, que é uma extensão da nuvem.

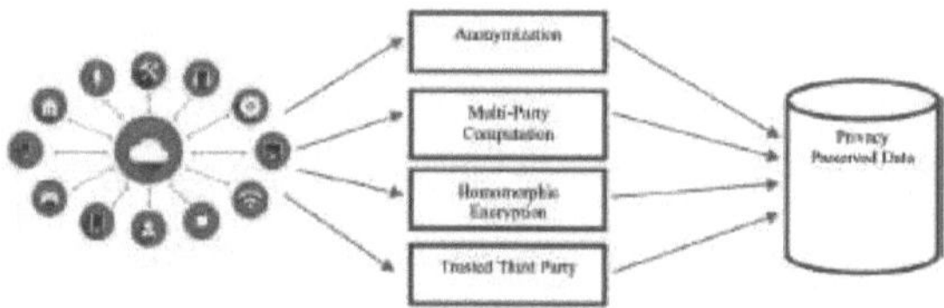

Privacy-Preserving IoT Model

informática. A computação em nevoeiro difere da computação em nuvem na rede distribuída. A computação em nevoeiro é uma rede de dispositivos inteligentes de ponta ligados à nebulosa. Ter nós de nevoeiro na rede de borda alivia a carga dos servidores de nuvens e melhora a ubiquidade. As aplicações de nevoeiro permitem a utilização de nós de nevoeiro que realizam o encaminhamento, a recolha de dados e a agregação. Os dados são então transmitidos à nuvem para armazenamento.

- **IoT em Blockchain Blockchain** é outra tecnologia emergente que é utilizada em transacções e interacções. A Blockchain para aplicações IoT pode construir a confiança entre os dispositivos, reduzir os custos computacionais, e acelerar as transacções. Blockchain in IoT fornece solução para a sincronização de dados entre milhares de dispositivos IoT. O modelo tradicional de servidor cliente não consegue sincronizar um grande número de dispositivos IoT.

4.7 quadro legal relevante para o complexo ecossistema da IdC e importância do consentimento informado:

Três elementos principais que constituem um ecossistema IoT de sucesso

A Internet das Coisas (IoT) é um dos tópicos tecnológicos mais discutidos hoje em dia. Desde a agricultura inteligente até às cidades inteligentes e fábricas inteligentes, a expectativa é de que a Internet das Coisas (IdC) seja transformadora. A 4ª revolução industrial. No entanto, a realidade é que a Internet das Coisas continua a ser uma promessa. E, mais significativamente, a Internet das coisas permanece fragmentada. De facto, a maioria das aplicações que existem são soluções verticais que não representam um mundo dinâmico e interligado que o nome, Internet das coisas, sugeriria. Uma causa chave é a falta de verdadeiros ecossistemas da Internet das coisas.

O ecossistema IoT

Claramente, nenhuma empresa tem as capacidades e recursos para fazer tudo isto na LIBE. Em vez disso, as empresas que visem esta oportunidade serão sempre parte de um ecossistema. Isto significa que os ecossistemas são, em última análise, a unidade competitiva na IdC - e que a batalha será entre estes ecossistemas, e não entre empresas individuais. Além disso, não haverá ecossistemas únicos mas muitos interligados. Um ecossistema de ecossistemas, se quiser.

Notavelmente, um ecossistema é mais do que um conjunto de parcerias de comprimento de armas. É uma rede de contribuintes independentes que interagem estreitamente para criar valor mútuo. Isto, por sua vez, cria interdependência entre os parceiros no ecossistema. Todos os parceiros partilham o mesmo destino - os parceiros individuais só serão bem sucedidos se o ecossistema for bem sucedido. Esta dinâmica complexa representa um desafio para as empresas que tentam descobrir uma estratégia de IOT. É necessária uma melhor compreensão de como os ecossistemas são criados.

Elementos-chave e viabilizadores do desenvolvimento de um ecossistema de IdC Como se mostra na Figura 1, há três elementos principais que constituem um ecossistema bem sucedido de IdC: estes são uma **plataforma de IdC**, a **expectativa do mercado** e os **efeitos de rede.**

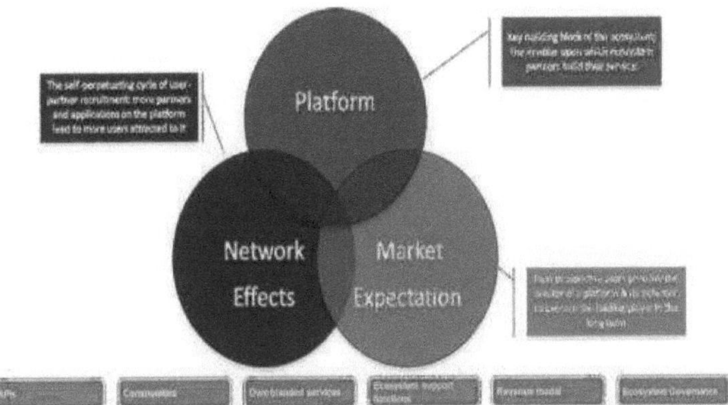

Figura : Elementos e viabilizadores de um ecossistema IoT

A plataforma é um elemento-chave do ecossistema e o foco de muitos investimentos e comentários na indústria. Exemplos incluem a suite Azure IoT da Microsoft e AWS IoT. Embora este elemento seja fundamental, são os outros dois que são mais matizados e desafiantes para as empresas. De facto, a construção de um ecossistema IoT é um empreendimento complexo com muitos factores interligados com os quais é necessário fazer malabarismos. Apoiar um ecossistema requer mais do que apenas ter uma plataforma e disponibilizar APIs a terceiros. As empresas que oferecem plataformas precisam de ser capazes de criar os incentivos certos (financeiros e outros tipos), sistemas de apoio aos parceiros, e definir como eles - e não jogadores concorrentes - irão criar mais valor para os seus parceiros.

Há uma série de facilitadores chave em que as empresas devem concentrar-se, ao desenvolverem os seus ecossistemas de IOT. Estes são discutidos brevemente a seguir.

*   **Plataformas facilitadoras:** como mencionado acima, as plataformas são a base do ecossistema. As empresas precisam de implementar plataformas de IdC que satisfaçam as expectativas tanto dos clientes como dos parceiros em termos de funcionalidade, fiabilidade, segurança e flexibilidade. A plataforma precisa de permitir não só soluções verticais, mas também um verdadeiro ecossistema sob a forma de um mercado para produtos e serviços de Internet das coisas.

*   **APIs:** Os APIs são os blocos básicos de construção de um ecossistema IoT, pelo que as empresas devem desenvolver uma forte estratégia de API. Esta estratégia deve basear-se numa compreensão profunda dos mercados da IdC que o negócio pretende visar. Desenhar e apoiar APIs para todos é impraticável, o que significa que é recomendada uma abordagem focalizada. O negócio deve também desenvolver um roteiro de API que esteja de acordo com a sua estratégia global de IdC, enquanto que o modelo de preços e suporte de API deve ser alinhado com o modelo de receitas do ecossistema do negócio. Os APIs podem, em última análise, fomentar - ou desencorajar - efeitos de rede. Se a utilização dos seus APIs for demasiado onerosa ou não criar valor suficiente, os parceiros do ecossistema estarão relutantes em investir tempo ou esforço. É portanto vital que as empresas definam as suas estratégias de API tendo em mente as necessidades do mercado e dos parceiros.

*   **Comunidades:** para que os ecossistemas sejam verdadeiros ecossistemas, é necessário que existam comunidades de parceiros. Estes parceiros devem ser capazes de desenvolver produtos e serviços com base nos recursos da empresa (através de APIs), bem como os de outros participantes no ecossistema. Os benefícios para as empresas podem ser imensos. Ao permitir que outros invistam e criem novos produtos e serviços, a empresa é capaz de impulsionar a inovação. Isto é conseguido sem incorrer em todos os custos e riscos envolvidos, mas partilhando-os com os parceiros do ecossistema. Empresas como a IBM, a Amazon e a Microsoft são muito activas nesta área patrocinando hackathons e patrocinando programas de investigação universitária e incubadoras de empresas.

*   **Serviços de marca própria:** em muitos casos, faz sentido para as empresas oferecerem soluções completas de IdC, quer com os seus próprios produtos, quer através da integração com parceiros. Isto para assinalar o compromisso com o mercado e para dar o pontapé de saída à expansão do ecossistema. Um bom exemplo é a Digital Life da AT&T, uma empresa de telecomunicações nos EUA - a empresa desenvolveu um serviço integrado de monitorização doméstica em conjunto com parceiros, e comercializa o serviço como um produto de marca AT&T. Este serviço de marca serve para assinalar o compromisso da AT&T com a Internet de alta velocidade e, à medida que o serviço se estabelece no mercado, a AT&T está a procurar abri-lo a um leque mais vasto de parceiros, desenvolvendo assim ainda mais o ecossistema inicial.

*   **Modelos de receitas: os** modelos de receitas são um aspecto chave para o <u>desenvolvimento</u>

bem sucedido <u>dos</u> ecossistemas <u>da IdC.</u> As empresas que procuram atrair parceiros do ecossistema precisam de definir o modelo correcto de geração e partilha de receitas - um modelo que incentive os parceiros a aderir ao ecossistema, reduza os riscos de inovação dos parceiros e se ajuste ao modelo de negócios dos parceiros individuais. Alguns parceiros serão atraídos para um modelo de partilha de receitas, enquanto outros preferirão um modelo baseado em licenças ou em royalties fixas. Modelos como o "freemium" podem ser bons para encorajar a experimentação e a adopção precoce nas comunidades de IOT. Isto significa que as empresas terão de apoiar vários modelos de receitas e parcerias, o que por sua vez exigirá novos sistemas de decisão e gestão.

- **Funções de apoio ao ecossistema:** o facilitador final (e talvez o mais esquecido) é a organização interna e as funções de apoio relacionadas. Uma função crítica aqui é a gestão do parceiro, que não só significa ser capaz de recrutar mas também de incentivar e apoiar os parceiros do ecossistema ao longo do ciclo de vida da parceria. Esta é uma capacidade que vai para além dos acordos básicos de revenda. As empresas exigirão também equipas dedicadas a apoiar o ecossistema. Este apoio inclui apoio técnico (por exemplo, como utilizar um API), mas também marketing (por exemplo, vender as suas aplicações no nosso mercado) e operacional (por exemplo, "cumprido pela Amazon").

Além disso, um modelo de governação que estabeleça "regras claras do ecossistema" é fundamental para manter a harmonia entre os membros e um ecossistema cooperativo saudável.

Melhores Práticas em Segurança de IOT

5.1 Gestão de resposta a incidentes de segurança de IoT
5.2 Desafios associados à conformidade de segurança da Internet de alta velocidade,
5.3 Quadro de governação centrado no utilizador para segurança e privacidade na Internet das coisas
5.4 Certificação da UL em IOT
5.5 Quadro de gestão de risco da NIST e esforços de DPC,
5.6 PCI DSS, HIPAA Segurança e Privacidade

5.1 Gestão da resposta a incidentes de segurança de IoT:

• Estar preparado para a resposta a incidentes na Internet das coisas requer planeamento sobre como lidará com dois tipos de incidentes na sua carga de trabalho da Internet das coisas. O primeiro incidente é um ataque contra um dispositivo IoT individual, numa tentativa de perturbar o desempenho ou de ter impacto no comportamento do dispositivo.

• O segundo incidente é um evento IoT em maior escala, tal como interrupções de rede e ataque DDoS. Em ambos os cenários, a arquitectura da sua aplicação IoT desempenha um grande papel na determinação da rapidez com que será capaz de diagnosticar incidentes, correlacionar os dados ao longo do incidente, e depois aplicar subsequentemente runbooks aos dispositivos afectados de forma automatizada e fiável.

Para aplicações de IdC, seguir as seguintes melhores práticas para respostas a incidentes:

• Os dispositivos IoT estão organizados em diferentes grupos com base em atributos de dispositivos tais como localização e versão de hardware.

• Os dispositivos IoT são pesquisáveis por atributos dinâmicos, tais como estado de conectividade, versão de firmware, estado da aplicação, e saúde do dispositivo.

• As actualizações da OTA podem ser encenadas para os dispositivos e implementadas ao longo de um período de tempo. As implementações são monitorizadas e podem ser automaticamente abortadas se os dispositivos não conseguirem manter os KPIs apropriados.

• Qualquer processo de actualização é resistente a erros, e os dispositivos podem recuperar e retroceder a partir de uma actualização de software falhada.

• Estão disponíveis registos detalhados, métricas e telemetria de dispositivos que contêm informação contextual sobre o desempenho actual de um dispositivo e o seu desempenho ao longo de um período de tempo.

• As métricas de toda a frota monitorizam a saúde geral da sua frota e alertam quando os KPI operacionais não são cumpridos durante um período de tempo.

• Qualquer dispositivo individual que se desvie do comportamento esperado pode ser colocado em quarentena, inspeccionado, e analisado para potencial comprometimento do firmware e das aplicações.

Como se prepara para responder a um incidente que tenha impacto num único dispositivo ou numa frota de dispositivos?

• Implementar uma estratégia na qual a sua equipa InfoSec possa identificar rapidamente os dispositivos que necessitam de remediação.

• Assegurar que a equipa InfoSec tem livros de execução que consideram a versão de firmware e a aplicação de correcções para actualizações de dispositivos.

• Criar processos automatizados que aplicam proactivamente patches de segurança a dispositivos vulneráveis à medida que estes entram em linha.

• No mínimo, a sua equipa de segurança deverá ser capaz de detectar um incidente num dispositivo específico com base nos registos do dispositivo e no comportamento actual do dispositivo. Após a identificação de um incidente, a fase seguinte consiste em colocar a aplicação em quarentena.

- Para implementar isto com os serviços AWS IoT, pode usar AWS IoT Things Groups com políticas de IoT mais restritivas, juntamente com a possibilidade de registo personalizado de grupos para esses dispositivos. Isto permite-lhe apenas activar funcionalidades relacionadas com a resolução de problemas, bem como recolher mais dados para compreender a causa raiz e a remediação.

- Finalmente, depois de um incidente ter sido resolvido, deve ser capaz de implementar uma actualização de firmware no dispositivo para o devolver a um estado conhecido.

Ameaças tanto para a segurança como para a segurança:

- Idealmente, serão criados casos de uso indevido durante o processo de modelação de ameaças iniciais. Muitos padrões específicos de utilização indevida podem então ser gerados para cada caso de utilização indevida.

- Os padrões de utilização abusiva devem ser de nível suficientemente baixo para poderem ser decompostos em conjuntos de assinaturas aplicáveis à tecnologia de monitorização (por exemplo, IDS/IPS, SIEM, etc.) que serão utilizados tanto no local como no seu ambiente nebuloso. Os padrões podem incluir padrões de dispositivos, padrões de rede, desempenho do serviço, e praticamente tudo o que indique uma potencial utilização indevida, mau funcionamento ou compromisso total.

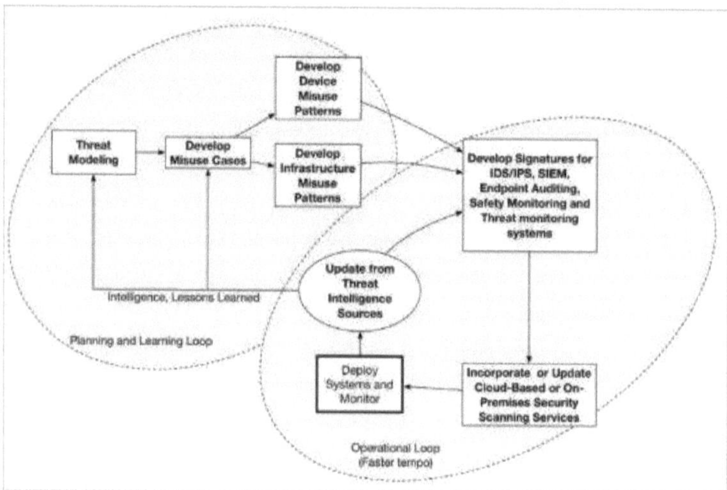

Uma resposta a IoT Attac ks :

Os ataques relacionados com a Internet das coisas, que muitas vezes atravessam a linha entre os incidentes cibernéticos e as ameaças físicas, são complexos e dinâmicos, tornando-os especialmente difíceis de responder e resolver. A liderança de segurança pode dar poder às suas equipas:

* Desenvolver planos de resposta a incidentes testados e mensuráveis;
* Possibilitar a coordenação, comunicação e colaboração entre organizações; e
* Armar os analistas com tecnologias que lhes permitam tomar decisões precisas e agir rapidamente.

Uma plataforma eficaz de resposta a incidentes ajuda a orquestrar pessoas e tecnologias ao longo de todo o processo de resposta. Um plano de resposta a incidentes comprovado e repetível dá às equipas de segurança a agilidade, inteligência e eficiência de que necessitam para responder a todos os tipos de ciberataques.

Desafios associados à conformidade de segurança da Internet de alta velocidade:

Desafios		Questões Resultantes
Desafios de Conformidade de Segurança de IoT	Os dispositivos IoT são frequentemente utilizados com uma palavra-passe predefinida (ou sem qualquer palavra-passe), alargando a superfície de ciberataque das organizações. O facto de os dispositivos IoT serem fisicamente acessíveis também aumenta estas ameaças.	Os hackers podem aceder facilmente a dispositivos IoT e: • desligue-os • roubar dados, • apagar ficheiros de gravação, ou • utilizar dispositivos como pivô para alcançar a rede mais vasta e os bens críticos.
Desafios de Conformidade Operacional da IoT	Os dispositivos IoT são particularmente propensos a falhas, que podem prejudicar - e por vezes perturbar completamente - as actividades diárias das organizações. A falta de visibilidade para o estado do dispositivo torna ainda mais difícil abordar atempadamente as questões de manutenção.	Estes desafios podem levar a: • dispositivos não disponíveis • desconexões frequentes • problemas de perda de dados/ retenção de dados; e • multas por violação dos regulamentos da indústria.

Directrizes para reforçar o cumprimento da sua IoT

Com a falta de normas de conformidade regulamentares claras, as organizações podem definir as suas próprias políticas, com base em segurança cibernética e critérios operacionais. Em alguns casos, terão também de abordar as directivas regulamentares existentes em vigor.

Para aplicar estas políticas, as equipas da IdC precisam de monitorizar continuamente tanto o estado de saúde como de segurança cibernética de cada dispositivo IdC. Há três directrizes principais para melhorar a conformidade na Internet das coisas:

1.   Os administradores devem ter visibilidade em todos os dispositivos ligados através dos sítios sem terem de alternar entre múltiplos ecrãs e sistemas.

2.   A elaboração de relatórios em tempo real é crucial para permitir às equipas da IdC compreender o seu estado de conformidade para todos os dispositivos em todo o sistema (por exemplo, percentagem de palavras-passe e versões de firmware a actualizar). Ao integrarem-se com soluções de bilhética de terceiros e SIEM, as equipas IoT podem certificar-se de que o seguimento das questões de conformidade descobertas é acompanhado e tratado de forma atempada.

3.   Por último, a automatização de tarefas operacionais, tais como **rotação de senhas** e **actualização de firmware,** é essencial para permitir a organizações de todas as **dimensões enfrentarem** os seus desafios de conformidade com a **Internet das coisas**. Naturalmente, em implementações em larga escala (milhares de dispositivos ou mais), a necessidade de automatização é acentuada.

Melhorar o cumprimento da solução da IoT com a SecuriThings

Assegurar o cumprimento dos objectivos operacionais e de segurança cibernética da sua organização é um esforço constante, especialmente para as equipas de IOT com recursos limitados. Ao automatizar a monitorização e relatórios de dispositivos, as organizações podem ganhar visibilidade em tempo real sobre o estado operacional dos dispositivos, aplicar políticas organizacionais e melhorar continuamente o seu estado de conformidade.

O SecuriThings Horizon é uma solução de IoTOps que apoia a monitorização contínua da saúde e cibernética, relatórios de conformidade e operações automatizadas através de dispositivos IoT. Utilizando dados, análises e automatização, Horizon traz padrões e capacidades de gestão de TI para o mundo da IdC.

5.3 Quadro de governação centrado no utilizador para segurança e privacidade na Internet das coisas

As vulnerabilidades da IOT podem causar perturbações catastróficas, desde violações da privacidade a avarias dos ecossistemas públicos.

As preocupações com a privacidade dos utilizadores estão entre os principais obstáculos à adopção generalizada de dispositivos de IdC ligados. Os gadgets inteligentes oferecem incríveis oportunidades de criação e captura de valor, mas as suas vulnerabilidades podem causar perturbações catastróficas, desde violações de privacidade a avarias dos ecossistemas públicos. Neste artigo, avaliamos os riscos da adopção da IdC e consideramos as normas, abordagens e paradigmas de gestão da privacidade.

O âmbito das Vulnerabilidades de Segurança da LIBT

De acordo com um relatório da Deloitte, entre os 49 países que possuem um orçamento de defesa de mais de mil milhões de dólares e mantêm expostos os sistemas IoT encontrados online, a Eslováquia, Lituânia, Estónia, Letónia e República Checa são os cinco países mais expostos com base em objectivos IoT por unidade do PIB. A sua rápida adopção de sistemas de Internet das coisas sem medidas de segurança adequadas pode causar danos económicos significativos a empresas individuais, indústrias inteiras, e à economia nacional no seu conjunto. Os EUA estão mais abaixo na lista dos estados mais vulneráveis, apesar do maior número de sistemas IoT expostos localizados, uma vez que a sua economia é mais diversificada e estável face a um potencial ataque.

A China, o Irão e a Federação Russa são menos vulneráveis aos ataques da IOT, possivelmente devido à menor adopção ou ao desenvolvimento em curso de sistemas de ciber-segurança a nível estatal. O Japão é uma das economias mais seguras, apesar da adopção generalizada da automação industrial e doméstica. Isto pode ser o resultado da abordagem japonesa ao desenvolvimento de software personalizado em vez da adopção de soluções disponíveis, bem como da concepção e implementação de sistemas IoT com consciência de segurança.

IoT: Orientado e Armado

Os sistemas IoT podem ser tanto uma arma como um alvo de ataques maliciosos. Milhões de dispositivos não seguros foram infectados com tecnologia Botnet e participaram em ataques de Distributed Denial of Service (DDoS). Krebs On Security, Dyn, e outras empresas foram vítimas de ataques que não exigiram grandes orçamentos e tecnologia sofisticada devido à vulnerabilidade dos dispositivos IoT.

O direccionamento dos sistemas IoT é outra séria preocupação de segurança. Três grandes categorias de sistemas IdC com enorme potencial para repercussões económicas e de segurança pública incluem:

- **Infra-estruturas industriais.** Os interruptores, válvulas, CNC, e controlos do ambiente de produção estão em risco. A adulteração de qualquer dos sistemas industriais expostos pode levar a danos patrimoniais, perda de produção, mau funcionamento do equipamento e acidentes.
- **Infra-estruturas de comunicação.** Os sistemas e routers VoIP são os mais vulneráveis entre os dispositivos de comunicação de IoT. Danos físicos das redes, perdas de comunicação em grande escala, e pânico entre a população são todos riscos de alto impacto.
- **Infra-estruturas de construção.** Energia, segurança, elevadores, e controlos ambientais são

sistemas normalmente expostos. As suas vulnerabilidades podem causar danos físicos nos sistemas e edifícios, negação de serviço, e pânico entre os inquilinos.

Outros alvos emergentes da IdC incluem sistemas de controlo de tráfego e de condução autónoma, bem como objectos críticos das infra-estruturas nacionais, como centrais nucleares ou grandes comutadores de telecomunicações. Embora a sua segurança seja normalmente melhor, continuam a apresentar alvos atraentes para os ciberterroristas.

IoT Gestão de Identidade e Normas de Segurança de Privacidade

Os EUA e os países da UE concentram os seus esforços de segurança em infra-estruturas críticas e alvos militares, deixando a protecção dos sistemas privados para os seus operadores e proprietários. No entanto, esta abordagem deixa uma janela de oportunidade para ataques cibernéticos maliciosos, à medida que a adopção de sistemas IdC se espalha pelos sectores público, comercial e industrial. Prevendo o impacto económico, financeiro e psicológico das vulnerabilidades da Internet das coisas, a comunidade internacional tem trabalhado em normas para técnicas de segurança para proteger a identidade e a privacidade dos utilizadores.

As violações da segurança de dados causam a perda de informação pessoalmente identificável que afecta organizações e indivíduos. O roubo de identidade, responsabilidade legal, custos de recuperação e riscos de reputação estão entre as consequências comuns das violações de segurança na Internet de alta velocidade e noutros sectores.

ISO/IEC 29100

A ISO/IEC 29100 foi concebida para organizações que desenvolvem, operam, ou mantêm sistemas que lidam com informação pessoalmente identificável. O quadro de privacidade delineado pela norma permite às empresas identificar terminologia de segurança, definir papéis críticos envolvidos no processamento de dados pessoais, descrever considerações de segurança de privacidade, e fazer referência ao princípio de privacidade comum utilizado para as TI.

De acordo com o Quadro de Privacidade ISO/IEC 29100, os utilizadores, assinantes e proprietários de dados assumem o papel de fornecedores de informação pessoal, enquanto os proprietários de aplicações e operadores actuam como receptores de PI. É estabelecido um quadro de segurança da privacidade centrado no utilizador se os receptores de PI utilizarem controlos de salvaguarda da privacidade para satisfazer as preferências de privacidade dos fornecedores de PI em todas as fases do tratamento da informação, desde a recolha e armazenamento até à utilização, transferência, e eliminação.

ISO/IEC 24760

Esta norma fornece orientação para a gestão de informação de identidade. Enquanto a primeira parte delineia terminologia e conceitos, a segunda define arquitectura e requisitos de referência, e a terceira parte sugere a implementação prática de um sistema de gestão de identidade. As práticas abordam o risco relacionado com a identidade ao adquirir, processar, armazenar, transferir, e utilizar informação pessoalmente identificável.

De acordo com a ISO/IEC 24760, os proprietários das aplicações devem gerir o risco de erros de identidade e assegurar a confidencialidade, integridade e disponibilidade das informações de identidade que armazenam, processam e comunicam. A norma também sugere a utilização de identificadores. Permitem às empresas distinguir entidades e facilitar a sua representação em algumas situações, por exemplo, ocultando a identidade da entidade ao fornecer informação de identidade para utilização.

Privacidade por Design em IoT

As normas e regulamentos internacionais existentes em matéria de privacidade e protecção de dados pessoais deixam várias questões de consumo sem resposta. Enquanto o Comité de Política do Consumidor ISO (COPOLCO) está a trabalhar em normas de gestão de identidade e tecnologias de privacidade, os investigadores e os pioneiros da IdC baseiam-se nos princípios de Privacidade por Desenho (PbD).

Equilibrar os riscos e benefícios da privacidade

Estudos realizados para o Fórum Económico Mundial demonstram que os proprietários de dados (utilizadores da IdC) estão dispostos a divulgar informações pessoais aos consumidores de dados para benefícios suficientes. No entanto, para tomar uma decisão pragmática, os utilizadores devem tomar consciência dos riscos associados à partilha de dados privados. Além disso, os utilizadores devem ser capazes de alterar as suas preferências de privacidade de acordo com o contexto.

A consciência dos riscos de privacidade implica isso:

- **A sensibilidade aos dados** pode ser directa ou indirecta. Embora o consumo de energia não seja sensível por si só, as medições frequentes permitem aos consumidores de dados inferir dados sensíveis, incluindo a utilização de dispositivos específicos, presença ou ausência, padrões de comportamento e muito mais.

- **A confiança no consumidor de dados** depende da reputação do consumidor e do histórico de interacção dos dados. As empresas estatais podem ser mais fidedignas do que as empresas privadas.

- **A fuga de dados** reflecte a exactidão dos dados pessoais partilhados e depende frequentemente da frequência da amostragem. O aumento da frequência de amostragem aumenta o grau de confiança das inferências feitas pelos consumidores de dados com base nos dados da IdC.

Os fornecedores de dados podem esperar benefícios físicos, financeiros, ou psicológicos da partilha de informação pessoal. Exemplos comuns de benefícios da partilha de dados incluem taxas reduzidas, menor consumo, sentimentos de auto-satisfação, e confiança.

Princípios de Desenvolvimento de Privacidade pelo Design

Os investigadores do Instituto de Privacidade e Grandes Dados, Universidade de Ryerson, delinearam conceitos de segurança da IdC baseados em sete princípios básicos de Privacidade por Design. São recomendados para os designers, programadores, testadores e operadores de dispositivos IoT.

1. **Antecipar e eliminar oportunidades de abuso.** Apenas os utilizadores da IdC podem aprovar a sua recolha, processamento e partilha de informações pessoais. No ciclo de desenvolvimento centrado no utilizador, o potencial de abuso da privacidade é acedido e eliminado em todas as fases.

2. **Configurar a privacidade por defeito.** Para fomentar a confiança dos consumidores e beneficiar

de uma lacuna de percepção pública que favorece tecnologias fiáveis, as empresas concebem a privacidade intrínseca antes de acrescentar capacidades de gestão da informação .

3. Incorporar a integridade no desenho. A segurança da privacidade em camadas a todos os níveis do design da IdC está a tornar-se um padrão da indústria, fazendo com que os designers e desenvolvedores de aplicações introduzam características de segurança de baixo para cima.

4. Fuse experiências optimizadas para uma funcionalidade total. As empresas que pensam no futuro não fazem os clientes escolher entre privacidade e plena funcionalidade. Em vez disso, maximizam a experiência do utilizador enquanto protegem os interesses e direitos do utilizador .

5. Clarificar e simplificar para uma concepção protectora. A complexidade reduz a usabilidade das medidas de segurança da privacidade. Para apoiar a protecção total do ciclo de vida, os criadores adoptam as melhores práticas de privacidade e introduzem medidas simples de segurança de butoversas.

6. Controlo de monitorização e sensibilização. O medo, a incerteza e a dúvida entre os utilizadores podem ser ultrapassados introduzindo os clientes às medidas transparentes e protectoras implementadas.

7. Incluir os utilizadores como partes interessadas, e não as vítimas. Construir confiança com os consumidores começa por tratá-los como partes interessadas, cujas necessidades principais são a privacidade e a segurança.

Seguro. Vigilante. Modelo Resiliente.

A Deloitte considera a privacidade da IoiT através de um Secure. Vigilante. Resiliente. paradigma. Para estabelecer um sistema seguro de gestão da informação, os especialistas concentram-se em três aspectos da segurança da privacidade.

1. Software, hardware e dados devem ser assegurados a todos os níveis de desenvolvimento e funcionamento, e em todas as fases do ciclo de vida. Sem medidas de segurança adequadas, as violações do dispositivo IoT podem transformar-se de uma vida privada para uma vida privada

.

2. As empresas devem permanecer vigilantes quando lidam com dispositivos conectados e com os dados recolhidos, uma vez que tanto o software como o hardware são propensos ao envelhecimento e à deterioração. Além disso, as abordagens de ataque evoluem e utilizam pontos fracos dos quais os programadores da IdC não estão conscientes.

3. Para detectar rapidamente a violação, eliminar a ameaça e impedir a propagação, as empresas devem ter protocolos e procedimentos de segurança em vigor. Eles ajudam a limitar os danos causados aos sistemas e à reputação da empresa, bem como a restabelecer as operações normais.

Além de gerar valor, os sistemas de IdC podem causar perdas significativas para as empresas que não estabelecem sistemas de gestão da privacidade centrados no utilizador. Seguir as normas internacionais e confiar nos princípios de Privacidade por Design são essenciais para fomentar a confiança dos clientes e promover uma adopção mais ampla de dispositivos conectados inteligentes. As empresas perturbadoras asseguram que as considerações de privacidade são a base de cada peça de software e hardware da IdC e mantêm as melhores práticas de segurança ao longo de todo o ciclo de vida do sistema.

5.4 Certificação da UL em IOT

A Internet das Coisas (IoT) oferece possibilidades surpreendentes para o desenvolvimento de produtos e está a acelerar a inovação talvez ao ritmo mais rápido da história. Coisas que eram quase inauditas há apenas alguns anos - rastrear o bem-estar no seu relógio ou telefone, um frigorífico que encomenda as suas compras para si, pagamento a partir do seu telefone com biometria, e até cartas de condução móveis são agora tudo realidade.

A construção de ciber-segurança em dispositivos conectados é um componente crítico necessário para desbloquear o vasto potencial de inovação da IdC. Se for bem feita, habilita as empresas a implementar com sucesso a sua estratégia comercial, mitigar os riscos, proteger a reputação da sua marca, criar diferenciação de produtos e estabelecer a liderança de mercado.

A UL ajuda os inovadores a criar produtos, dispositivos e tecnologias mais seguros para permitir a sua adopção segura, guiando-os através das complexidades crescentes ao longo da cadeia de fornecimento.

A tecnologia interligada está intrinsecamente ligada a ameaças cibernéticas utilizadas por atacantes que manipulam vulnerabilidades de software e ligações fracas nos ecossistemas. À medida que estas ameaças continuam a aumentar, as empresas têm de construir segurança cibernética na sua organização, processos e ciclo de vida de desenvolvimento de produtos, incluindo actualizações e fim de vida após o lançamento bem sucedido. Caso contrário, correm o risco de serem ultrapassadas pelos concorrentes ou, pior ainda, podem encontrar-se no centro da próxima violação.

Temos visto uma ampla aceitação por parte da indústria das suas soluções e normas de cibersegurança. As recentes realizações da UL incluem o reconhecimento da U.S. Food and Drug Administration (FDA) pela norma ciber-segurança da UL para testes de dispositivos médicos, designação como um laboratório aprovado pela Amazon para realizar avaliações de segurança para dispositivos habilitados pela Alexa, normalização da carta de condução móvel a nível mundial, e autorização como fornecedor de ciber-segurança aprovado pela Society for Worldwide Interbank Financial Telecommunication (SWIFT).

Embora não exista uma bala de prata para resolver os desafios de segurança cibernética da Internet, as empresas devem começar a compreender e a abordar os riscos da segurança cibernética. Isto permite-lhes continuar a inovar e a enfrentar com maior confiança um mundo cada vez mais complexo de interconectividade de produtos e sistemas.

Porquê UL para segurança de dispositivos IoT

Como líder mundial na ciência da segurança, fortalecemos a confiança no mercado ajudando os fabricantes e marcas a melhorar a segurança dos produtos, dispositivos e sistemas IoT através do nosso conjunto completo de soluções de segurança cibernética. Estes serviços são concebidos para o ajudar a compreender e gerir os seus riscos, proteger os seus produtos, e proteger a integridade da sua marca.

Os benefícios de trabalhar com UL para a ciber-segurança incluem:

*   Terceiros independentes de confiança
*   Mais de 20 anos de experiência em ciber-segurança
*   Mais de 550 analistas de segurança a nível mundial
*   Conhecimento extensivo das melhores práticas
*   Soluções de ciclo de vida completo
*   Conhecimento da indústria
*   Fornecer garantia de ciber-segurança
*   Ciber-segurança e segurança
*   Certificação segundo as normas

5.5 Quadro de gestão de risco da NIST e esforços de DPC:
Uma abordagem abrangente, flexível e baseada no risco

O Quadro de Gestão de Riscos proporciona um processo que integra segurança, privacidade e actividades de gestão de riscos da cadeia de fornecimento cibernética no ciclo de vida de desenvolvimento do sistema. A abordagem baseada no risco para controlar a selecção e especificação considera a eficácia, eficiência e restrições devidas a leis, directivas, ordens executivas, políticas, normas, ou regulamentos aplicáveis. A gestão do risco organizacional é primordial para programas eficazes de segurança e privacidade da informação; a abordagem RMF pode ser aplicada a sistemas novos e antigos, a qualquer tipo de sistema ou tecnologia (por exemplo, IoT, sistemas de controlo), e dentro de qualquer tipo de organização, independentemente do tamanho ou sector.

Para *mais informações sobre cada passo do RMFS,* incluindo *Recursos para Publicações Implementadas* e *de Apoio ao NIST,* seleccione o Passo abaixo.

Prepare	Essential activities to **prepare** the organization to manage security and privacy risks
Categorize	**Categorize** the system and information processed, stored, and transmitted based on an impact analysis
Select	**Select** the set of NIST SP 800-53 controls to protect the system based on risk assessment(s)
Implement	**Implement** the controls and document how controls are deployed
Assess	**Assess** to determine if the controls are in place, operating as intended, and producing the desired results
Authorize	Senior official makes a risk-based decision to **authorize** the system (to operate)
Monitor	Continuously **monitor** control implementation and risks to the system

Preparar	Actividades essenciais para **preparar** a organização para gerir os riscos de segurança e privacidade
Categorize	**Categorize** o sistema e a informação processada, armazenada e transmitida com base numa análise de impacto [1]
Seleccione	**Seleccionar** o conjunto de controlos NIST SP 800-53 para proteger o sistema com base na(s) avaliação(ões) do(s) risco(s)
Implementar	**Implementar** os controlos e documentar como os controlos são implantados
Avaliar	**Avaliar** para determinar se os controlos estão em vigor, funcionando como pretendido, e produzindo os resultados desejados [1]
Autorizar	O funcionário superior toma uma decisão baseada no risco para **autorizar** o sistema (a funcionar)
Monitor	**Monitorizar** continuamente a implementação do controlo e os riscos para o sistema

5 funções centrais do quadro de ciber-segurança do NIST?

Aqui, mergulharemos no Núcleo Quadro e nas cinco funções centrais: **Identificar, Proteger, Detectar, Responder, e Recuperar**. O NIST define o Núcleo Quadro no seu sítio web oficial como um conjunto de actividades de cibersegurança, resultados desejados e referências informativas aplicáveis comuns a todos os sectores de infra-estruturas críticas.

<u>Sistemas Ciber-Físicos (CPS):</u>

Os Sistemas Ciber-Físicos (CPS) são integrações de computação, redes, e processos físicos. Computadores e redes incorporados monitorizam e controlam os processos físicos, com loops de feedback onde os processos físicos afectam os cálculos e vice-versa.

O potencial económico e social de tais sistemas é vastamente maior do que o que foi realizado, e estão a ser feitos grandes investimentos em todo o mundo para desenvolver a tecnologia. A tecnologia baseia-se na disciplina mais antiga (mas ainda muito jovem) de sistemas, computadores e software incorporados em dispositivos cuja principal missão não é a computação, tais como carros, brinquedos, dispositivos médicos, e instrumentos científicos. A CPS integra a dinâmica dos processos físicos com os do software e das redes, fornecendo abstracções e técnicas de modelação, desenho e análise para o todo integrado.

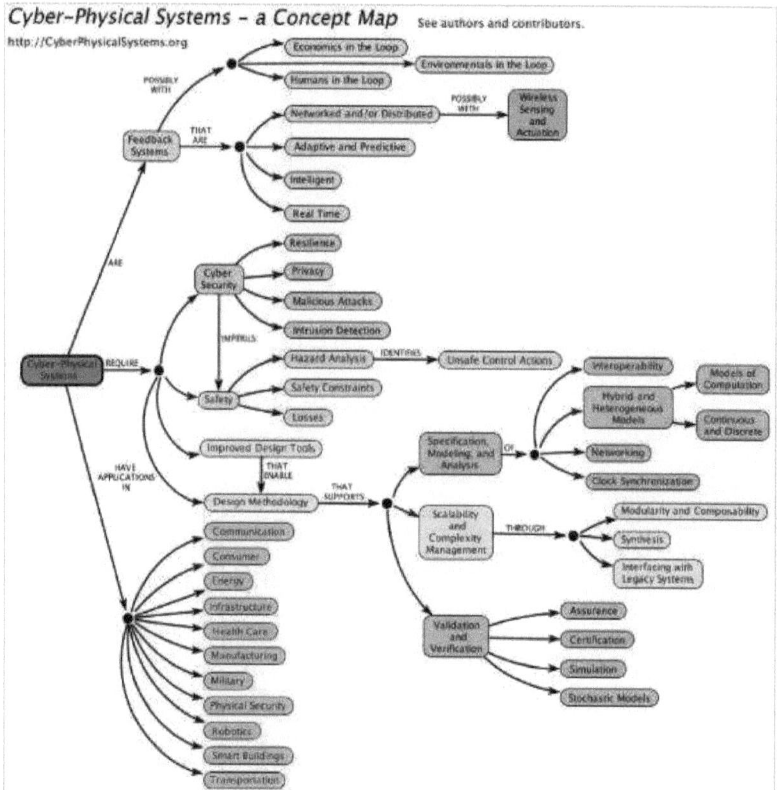

O que é o sistema cibernético físico na IOT?

Cyber Physical System (CPS) é um sistema mecatrónico em que as entidades estão ligadas umas às outras através de soluções com ou sem fios com meios de tecnologia de informação e comunicação.

5.6 PCI DSS, HIPAA Segurança e Privacidade:

Porque é que precisa de cumprir o PCI se já está em conformidade com a HIPAA?

Alguns são obrigados a cumprir tanto a HIPAA (Healthcare Information Portability and Accountability Act) como o PCI DSS (Payment Card Industry Data Security Standard), nomeadamente, entidades abrangidas e associados comerciais que aceitam cartões de crédito, débito, ou outros cartões de pagamento. Muitos acreditam que se estiverem em conformidade com uma   ,

ela   cobre   a outra .

HIPAA e PCI são dois conjuntos de requisitos distintos e diferentes. Cada um é especificamente concebido para diferentes tipos de informação. A HIPAA foi concebida por comités governamentais que tentam proteger os dados dos cidadãos. O PCI foi concebido por uma indústria privada para reduzir os custos relacionados com a fraude no que diz respeito à perda de dados das placas.

A norma PCI DSS

As normas PCI passaram por várias iterações esclarecedoras que criam o actual conjunto de requisitos PCI. Estes requisitos são geralmente muito específicos e focalizados.

Pelo contrário, os regulamentos HIPAA, apesar de existirem há cerca de tanto tempo, não passaram por uma única iteração. Porque foram criadas sem uma base sólida dos tipos de tecnologia necessários para assegurar os dados dos pacientes, estes padrões são vagos. Mesmo após um exame minucioso da norma, é difícil saber o que realmente deve ser implementado para satisfazer cada requisito.

Embora haja alguma sobreposição entre os dois, é surpreendente que não seja tanto como se poderia esperar.

Letmegiveanexample   .

Os regulamentos HIPAA nunca mencionam a palavra 'firewall' e incluem, em vez disso, linguagem vaga, como "implementar medidas técnicas de segurança para proteger contra o acesso não autorizado...". O que é que isso significa? Pessoal de segurança experiente pode ligar os pontos e saber que provavelmente significa implementação de firewall. As entidades abrangidas, o seu pessoal de escritório e até mesmo os advogados provavelmente não seriam capazes de chegar a essa conclusão por si próprios. Do lado oposto, a PCI tem uma secção inteira dedicada a firewalls, incluindo a frequência da revisão das regras de firewall, restrições de entrada/saída, e assim por diante.

Para aqueles que aprendem melhor com factos e estatísticas, aqui estão comparações numéricas para ajudar a esclarecer a   disparidade entreHIPAA ePCI   .

Cada requisito requer normalmente múltiplos pontos de validação. Um ponto de validação é uma prova específica necessária para apoiar a implementação apropriada do requisito. Por exemplo, a gestão de entrevistas e a revisão da documentação política são dois pontos de validação diferentes.

HIPAA vs. PCI: pontos de validação

HIPAA num relance

- A Regra de Segurança contém 75 requisitos com 254 pontos de validação
- A regra da infracção contém 10 requisitos com 26 pontos de validação
- A Regra de Privacidade contém 72 requisitos com 255 pontos de validação

PCI num relance

- O PCI DSS 2.0 contém 292 requisitos com 1030 pontos de validação

VER TAMBÉM: Mantendo a conformidade: Novos Requisitos de Nível 4 do Visto

Sobreposição entre HIPAA e PCI

- 0 de 281 pontos de validação da regra de violação da HIPAA/Privacy Rule/Privacy Rule são cobertos pelo PCI
- 70 dos 254 pontos de validação das Regras de Segurança HIPAA são cobertos pelo PCI
- 316 de 1.030 pontos de validação PCI são cobertos pela HIPAA

Descobri que os avaliadores HIPAA que não realizaram avaliações PIC tipicamente não têm os requisitos HIPAA sobrepostos às normas mais elevadas e específicas que um avaliador de PIC faria.

Se lhe for exigido o cumprimento de ambos os mandatos PCI e HIPAA, deverá compreender que são distintos e requerem, na sua maioria, procedimentos e protecções de segurança diferentes. Só porque está em conformidade com a HIPAA, não significa que os processos do seu cartão sejam seguros, e vice-versa.

REFERÊNCIAS

Gartner Diz que um aumento de trinta vezes nos dispositivos físicos ligados à Internet até 2020 irá alterar significativamente a forma como a cadeia de fornecimento funciona, [online] Disponível: http://www.gartner.com/newsroom/id/2688717.

"Internet das Coisas", *IBMConnects,* [online] Disponível: http://www-03.ibm.com/press/us/en/pressrelease/46453.wss.

IDC: 30 Biliões de Dispositivos Autónomos Até 2020, [online] Disponível: https://securityledger.com/2013/10/idc-30-billion-autonomous-devices-by-2020/.

Aproveite Novas Oportunidades de Produtos e Receitas com a Internet das Coisas, [online] Disponível: http://www.cisco.com/web/solutions/trends/iot/portfolio.html.

Forecast: The InternetofThingsWorldwide, 2013, [online] Disponível: https://www.gartner.com/doc/2625419/forecast-internet-things-worldwide-.

Internetof Things: Six KeyCharacteristics, [online] Disponível: http://designmind.frogdesign.com/2014/08/internet-things-six-key-characteristics/.

A CASA CONECTADA: Previsões e Tendências de Crescimento para o Mercado 'Internista das Coisas' líder, [online] Disponível: http://www.businessinsider.in/THE-CONNECTED-HOME-Forecasts-And-Growth-Trends-For-Te-Leading-Internet-Of-Things-Market/articleshow/43913798.cms.

G. Wu, S. Talwar, K. Johnsson, N. Himayat e K. Johnson, "M2M: From mobile to embedded internet", *Communications Magazine IEEE,* vol. 49, no. 4, pp. 36-, Abril de 2011.

H. ElMaraghy e L. Monostori, "Gestão da variedade no fabrico de sistemas de produção ciberfísicos: Roots expectations and r&d challenges", *Procedia CIRP,* vol. 17, pp. 9-13, 2014.

M. Brettel, N. Friederichsen, M. Keller e M. Rosenberg, "How virtualization decentralization and network building change the manufacturing landscape: An industry 4.0 perspective", *International Journal of Mechanical Aerospace Industrial Mechatronic and Manufacturing Engineering,* vol. 8, no. 1, pp. 37-44, 2014.

R. Roman, J. Zhou e J. Lopez, "On the features and challenges of security and privacy in distributed internet of things", *Computer Networks,* vol. 57, no. 10, pp. 2266-2279, 2013.

S. Sicaria, A. Rizzardia, L. A. Griecob e A. Coen-porisinia, "Segurança, privacidade e confiança na Internet das coisas: The road ahead", *Computer Networks,* pp. 146-164, 2015.

Q. M. Ashraf e M. H. Habaebi, "Autonomic schemes for threat mitigation in internet of things", *J. Netw. Comput. Appl.,* vol. 49, no. C, pp. 112-127, Mar. 2015.

M. Abomhara e G. M. Kien, "Segurança cibernética e a Internet das coisas": Vulnerabilidades: intrusos e ataques", *Journal of Cyber Security and Mobility*, vol. 4, pp. 65-88, Jan 2015.

J. Delsing e P. Varga, "Nuvens de automação local": Arrowhead Framework" em livro: IoT Automation - Capítulo 2 - publicado por, CRC Press, 2017.

Γ

D. Dzung, M. Naedele, T. von Hoff e M. Crevatin, "Security for industrial communications systems", *Proceedings of the IEEE*, vol. 93, no. 6, pp. 1152-1177, Junho de 2005.

M. Waidner e M. Kasper, "Segurança na indústria 4.0 - desafios e soluções para a quarta revolução industrial", *Exposição da Conferência de Design Automation Test in Europe (DATE) de 2016*, pp. 1303-1308, Março de 2016.

Das Referenzarchitekturmodell RAMI 4.0 und die Industrie 4.0- Komponente, [online] Disponível: http://www.zvei.org/Themen/lndustrie40/Seiten/Das-Referenzarchitekturmodell-Rami-40-und-die-Industrie-40-Komponente.asrrx.

S.-W. Lin, *Industrial Internet Consortium Tech. Rep.*, 2015.

D. M. Pai, "Interoperabilidade entre Arquitectura e Indústria IIC 4.0 Arquitectura de Referência para Bens Industriais", *Infosys Tech. Rep.*, 2016.

Z. Ma, A. Hudic, A. Shaaban e S. Plosz, "Security viewpoint in a reference architecture model for cyber-physical production systems", *2nd IEEE European Symposium on Security and Privacy*, Abril 2017.

M. M. Hossain, M. Fotouhi e R. Hasan, "Towards an analysis of security issues challenges and open problems in the internet of things", *2015 IEEE World Congress on Services*, pp. 21-28, Junho de 2015.

M. Abomhara e G. M. Kien, "Segurança e privacidade na Internet das coisas": Situação actual e questões abertas", *Conferência Internacional sobre Privacidade e Segurança em Sistemas Móveis (PRISMS) de 2014*, pp. 1-8, Maio de 2014.

C. Zhang e R. Green, "Segurança das comunicações na Internet das coisas: Medida preventiva e evitar ataque de ddos sobre a rede iot", *Actas do 18º Symposium on Communications & Networking ser. CNS 15. San Diego CA USA: Society for Computer Simulation International*, pp. 8-15, 2015.

S. Zargar, J. Joshi e D. Tipper, "A survey of defense mechanisms against distributed denial of service (ddos) flooding attacks", *IEEE Communications Surveys and Tutorials*, vol. 57, no. 10, pp. 2046-2069, 2013.

T. Pecorella, L. Brilli e L. Mucchi, "O papel da segurança da camada física em iot: A novel perspective", *Information*, vol. 7, no. 3, 2016.

J. Y. Lee, W. C. Lin e Y. H. Huang, "A lightweight authentication protocol for internet of things", *2014 International Symposium on Next-Generation Electronics (ISNE)*, pp. 1-2, Maio de 2014.

S. Mathur, W. Trappe, N. Mandayam, C. Ye e A. Reznik, "Radio-telepatia: Extrair uma chave secreta de um canal sem fios não autenticado", *Actas da 14ª ACM International Conference on Mobile Computing and Networking ser. MobiCom 08*, pp. 128-139, 2008.

S. Plosz, C. Schmittner e P. Varga, "Combining safety & security analysis for industrial collaborative automation systems", *manuscrito submetido para publicação*, 2017.

R. L. Krutz e R. D. Vines, Cloud Security: A Comprehensive Guide to Secure Cloud Computing, Wiley Publishing 2010.

R. Canzanese, M. Kam e S. Mancoridis, "Toward an automatic online behavioral malware classification system", *2013 IEEE 7th International Conference on Self- Adaptive and Self-Organizing Systems*, pp. 111-120, Sept 2013.

Trendmicro, Virtualização e Cloud Computing: Ameaças de Segurança para Centros de Dados em Evolução.

Printed by Books on Demand GmbH, Norderstedt / Germany